한글만 알면
일본 간다

한글만 알면 일본간다

발 행	2018년 08월 10일
저 자	오현숙
발행인	이재명
발행처	삼지사

등록번호	제406-2011-000021호
주 소	경기도 파주시 산남로 47-10
Tel	031)948-4502, 948-4564
Fax	031)948-4508

ISBN 978-89-7358-439-0 13730

책값은 뒤표지에 있습니다.

이 교재의 내용을 사전 허가없이 전재하거나 복제할 경우
법적인 제재를 받게 됨을 알려드립니다.
잘못된 책은 구입하신 서점에서 교환해 드립니다.

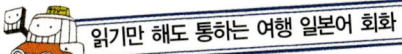
읽기만 해도 통하는 여행 일본어 회화

일본어와 영어,
여행정보를 동시에!

한글만 알면
일본 간다

| 오현숙 지음

SAMJI BOOKS

 머리말

    영국의 유명한 철학자이며 정치가인 베이컨(F. Bacon)은 『수상록』 중 '여행에 관하여'에서 "여행이란 젊은이들에게는 교육의 일부이며, 연장자들에게는 경험의 일부다." 라는 말을 남겼습니다. 또 여행가이자 국제구호기구 긴급구호팀장으로 맹활약을 펼치고 있는 한비야 씨는 "여행은 다른 문화, 다른 사람을 만나고 결국에는 자기 자신을 만나는 것이다." 라고 말하고 있습니다. 그녀 스스로가 여행을 통해 새로운 자신을 발견하고 국제구호가라는 새로운 길을 걷게 된 것만 봐도 여행의 중요성을 짐작할 수 있습니다.

    이렇게 여행은 자신을 돌아보고, 새로운 자신을 발견하고, 자신을 발전시킬 수 있는 기회를 만들어 줍니다. 특히 해외여행은 자신의 나라와는 다른 문물을 접해봄으로써 견문도 넓히고 나아가 '한국인'으로서의 정체감을 확립할 수도 있게 해줍니다. 이렇게 본다면 여행은 자신을 일깨워 주고, 자신을 바꿔 주고, 자신의 꿈을 이루어주는 알라딘의 '마술램프'와도 같다는 생각이 듭니다.

    요즘은 여행이 무척 쉬워졌습니다. 국내여행은 물론 해외여행도 조금 과장되게 말하면 '이웃집 나들이 가듯' 쉽게 다녀올 수 있게 되었습니다. 일본 정도는 아침에 갔다가 밤에 돌아올 수도 있게 되었으니까요. 이렇게 시간은 단축되었는데 선뜻 해외여행을 결정하기 어려운 것은 바로 '언어'라는 복병이 도사리고 있기 때문입니다. "말이 안 통하는데 가이드만 졸졸 쫓아다니는 여행이 무슨 재미가 있어?" "긴급 상황이 발생했을 때 아무 말도 못하면 큰일이잖아?" 이런 생각으로 해외여행을 주저하는 분들에게 이 책을 권하고 싶습니다. 이 책과 함께라면 일본어를 전혀 못하는 분이라도 안심하고 즐거운 여행을 다녀올 수 있을 것이라고 확신합니다.

    일본인과 적극적으로 대화를 나누어보려는 태도는 여행을 즐겁게 해줄 뿐만 아니라, 우리나라를 알리고, 일본에 대한 이해를 다진다는 점에서 민간외교의 장을 마련해 주기도 합니다. 다행히 일본어는 우리말과 비슷해서 조금만 노력하면 어느 정도 의사소통은 가능합니다.

    이 책에서는 여러 가지 상황에 필요한 문장들을 소개하여 여러분의 일본여행이 알차고 보람되고, 즐거워질 수 있도록 노력했습니다. 또한 그 상황에 필요한 표현은 여러 가지가 있을 수 있지만 그 상황에 가장 적합한 표현이라고 생각되는 것을 소개했습니다. 틈틈이 익혀 두면 뜻하지 않은 행운이 찾아 올 것입니다. 이제 언어에 대한 두려움은 떨쳐버리시고 이 책을 벗 삼아 함께 일본여행을 떠나보시는 건 어떨까요? 저는 이 책이 여러분에게 여행길의 '길잡이', '든든한 동반자', 소원을 들어주는 '마술램프', 행운을 가져다주는 '행운의 마스코트'가 되었으면 합니다.

저자 오 현숙

회화와 정보를 한번에!

꼭 필요한 일본어 회화문 외에도 가이드북으로 활용할 수 있도록 상황별로 알찬 여행 정보 코너를 마련해 두었습니다.

진행 순서에 맞는 구성!

책 내용을 여행 준비단계에서 시작하여 다시 집으로 돌아오기까지 순차적으로 구성하여 여행 계획을 세울 때 빠뜨리는 것이 없는지 확인해 주는 길잡이가 됩니다.

오디오로 듣기만 해도 머리에 쏙쏙!

오디오를 통해 우리말 표현과 일본어 표현을 번갈아 들으며 책이 없이도 자연스럽게 익힐 수 있습니다.

일본어에 영어까지 동시에!

일본어는 물론 영어문장까지 추가되어 있어 일본과 영어권 국가를 함께 방문해야 하는 스케줄이라면 이 책 한 권이면 O.K.

간단한 문장 활용하기!

각 장마다 마련된 '알기 쉬운 활용 표현' 코너를 통해 상황에 맞는 단어만 바꾸어 넣어도 얼마든지 다양한 문장을 만들어 쓸 수 있습니다.

필요한 단어가 한 눈에!

각 장마다 마련된 주제별 단어 정리. 상황에 맞는 단어를 빨리 찾아서 쓸 수 있습니다.

차례

여행준비
- 두근두근 여행 계획표 _10
- 해외여행 출국과정 _14
- 여행이 즐거워지는 기본표현 _18
- 여행이 편해지는 기본단어 _34

CHAPTER 1 기본회화 _41
인사하기 | 의사표현하기 | 말 걸기 | 묻고 답하기 | 잘못 알아들었을 때
처음 만났을 때 | 감사표현하기 | 사과하기 | 축하·기원·위로 | 칭찬하기
부탁·허가·희망 | 승낙하기·거절하기

생생 여행 정보 _66
일본 여행 시 유용한 증명서 | 알뜰 환전 노하우 | 새롭게 바뀐 전자여권 발급

CHAPTER 2 기내에서 _69
알기 쉬운 활용 표현

좌석 찾기 | 기내음료 서비스 | 기내 식사 서비스 | 기타 서비스 | 기내 쇼핑
몸이 불편할 때 | 입국신고서 작성하기 | 기타 표현

단어 _84

생생 여행 정보 _88
출입국카드 작성 | 비행기 이용법

CHAPTER 3 현지공항에서 _91
알기 쉬운 활용 표현

입국심사 | 짐 찾기 | 짐을 찾지 못했을 때 | 세관 검사 | 환전
공항에서 목적지로

단어 _112

생생 여행 정보 _114
일본의 새로운 입국심사수속 | 통관

CHAPTER 4 호텔에서 _ 115
알기 쉬운 활용 표현
프런트에서 | 예약하기 | 체크인(예약을 못한 경우) | 체크인(예약을 한 경우)
외출할 때 | 룸서비스 | 모닝콜 서비스 | 세탁 서비스 | 기타 서비스
호텔에서의 돌발 상황 | 체크아웃

단어 _ 138

생생여행정보 _ 140
숙박료와 서비스 요금 | 숙박 시설

CHAPTER 5 식사 _ 143
알기 쉬운 활용 표현
식당 찾기 | 예약하기 | 식당에 들어가서 | 주문하기 | 여러 가지 요구사항
식당에서의 여러 가지 상황 | 계산하기 | 레스토랑에서 | 패스트푸드점에서
커피숍에서 | 술집에서 | 초밥집에서

단어 _ 168

생생여행정보 _ 172
여행의 기쁨을 더해주는 에키벤 | 우동의 종류 | 라면의 종류 | 초밥

CHAPTER 6 교통 _ 175
알기 쉬운 활용 표현
길을 물을 때 | 버스 타기 | 지하철 | 열차 타기 | 택시 타기 | 렌터카 | 자동차 여행

단어 _ 196

생생여행정보 _ 200
일본의 주요 교통 | 도쿄 여행의 새 친구 스이카 카드 | 공항에서 시내로 이동

CHAPTER 7 관광 · 레저 · 스포츠 _ 203
알기 쉬운 활용 표현
관광 안내소 이용하기 | 사진 찍기 | 관광 | 미술관 · 박물관 · 유적지
영화 · 연극 · 공연 | 스포츠 | 전통예술

단어 _ 220

생생여행정보 _ 224
도쿄 관광 추천 코스 10곳 | 도쿄 근교 무료로 즐길 수 있는 곳

CHAPTER 8 쇼핑 _ 227

알기 쉬운 활용 표현

매장에서 | 요구하기·요청하기 | 흥정하기 | 계산하기 | 의류매장에서 | 백화점에서
가전제품 판매점에서 | 편의점에서 | 서점에서 | 구입상품에 불만이 있을 때

단어 _ 250

생생여행정보 _ 254
알뜰 쇼핑을 위한 5계명 | 일본의 알뜰 쇼핑 명소

CHAPTER 9 전화·우편 _ 257

알기 쉬운 활용 표현

전화를 걸 때 | 편지·소포를 부칠 때

단어 _ 264

생생여행정보 _ 266
일본에서 전화 걸기

CHAPTER 10 긴급 상황 _ 267

알기 쉬운 활용 표현

질병·부상 | 약국에서 | 도난·분실 등의 사고가 났을 때
신용카드·여행자수표를 분실했을 때 | 항공권을 분실했을 때 | 강도·치한 등을 만났을 때
사고가 발생했을 때

단어 _ 292

생생여행정보 _ 294
여권, 항공권 여행자수표를 분실했을 때 | 교통사고를 당했을 때 | 교통사고를 냈을 때
절도를 당했을 때 | 여행자들이 주의해야 할 안전수칙 | 긴급 연락처

CHAPTER 11 귀국 _ 297

알기 쉬운 활용 표현

항공권 예약 및 변경 | 출국 수속 | 탑승하지 못했을 때

단어 _ 306

생생여행정보 _ 308
공항에 늦게 도착해서 탑승수속을 거절당했을 때는? | 여권이 없을 때는?
항공권과 여권의 이름 표기가 다른 경우 | 주일한국대사관 및 총영사관 소재지 및 연락처

Information
설레는 여행 준비

1 출발 2개월 전 ▶ 여행선택

- 여행회화 책과 여행안내 책자 등을 준비해서 정보를 수집한다.
- 자유여행을 할 것인지 패키지여행을 할 것인지 결정한다.
- 수첩에 여행 관련 사항을 정리한다. (준비물, 경비, 여행지 정보 등)
- 여행 일정, 여행 지역을 정하고 경비 예산을 세워 본다.
  어느 곳이 좋을지 모르겠으면 일본정부관광국(JNTO) 홈페이지에 나와 있는 일본여행정보 중 추천코스정보를 보면 도움이 된다.
  http://www.welcometojapan.or.kr

2 출발 1개월 전 ▶ 여권 준비와 상품선택

- 여권 신청.
- 항공편, 철도패스 예약 및 구입, 숙소 예약.
- 패키지여행일 경우 상품을 비교해 결정하고 예약 후 계약서 수령.
- 여행 일정, 여행 지역에 따라 준비물 리스트 작성.

3 출발 3주일 전 ▶ 여행준비물 준비시작

- 해외에서 사용할 수 있는 국제 신용카드 준비.
- 국제운전면허증 신청(렌터카 이용에 필요).
- 체크리스트에 따라 가방의 크기, 개수 정하기.
- 가방은 얇고 튼튼한 것으로 여분을 준비(쇼핑이나 선물 준비로 짐이

늘어날 것에 대비).
- 기내에서 출입국카드 작성을 위해 볼펜 준비.

4 출발 1주일 전 ▶ 여행준비물 최종점검

- 항공권, 숙소, 철도패스, 패키지 상품 예약 점검하기.
- 환전 알아보기(은행 간 수수료를 비교해 보고 혜택도 따져 본다).
- 쇼핑리스트 적어보기(면세점이나 일본 현지에서 구입할 물품을 대략 메모해 두고 계획적인 쇼핑을 하도록 한다).

5 출발 전날 ▶ 짐 꾸리기, 공항까지 교통편 점검, 항공편 청사 확인

- 꼭 필요한 것만 챙기는 것이 현명한 짐 꾸리기의 기본. 빠진 것이 없는지 체크리스트를 보며 짐 꾸리기.
- 여름이라도 낮과 밤의 기온 차, 혹은 냉방중인 실내 온도에 대비해 가벼운 겉옷을 챙긴다.
- 가벼운 접이우산이나 얇은 1회용 우비를 준비한다.
- 가볍고 편한 신발과 귀중품 보관을 위해 힙색을 준비한다.
- 여권, 항공권, 숙소예약 바우처(증거 서류) 등 점검.
- 여권, 항공권은 작은 가방에 넣어 항상 휴대할 수 있도록 한다.

6 출발당일 ▶ 공항으로

- 여권, 비자, 항공권, 숙소예약 바우처(증거 서류) 등 최종 점검하기.
- 출발 3시간 전에 도착할 수 있도록 국제공항으로 출발하기.
- 한국 출국수속 절차
  - 항공사 카운터로 가서
  - 항공권과 여권을 제시
  - 좌석 배정 받고
  - 짐 부치고
  - 탑승권 받기

- 환전 (미리 환전하지 않은 경우는 출발 전 공항에서)
- 출국심사장으로 가기. - 여권, 탑승권 제출
- 출국 심사받기. - 여권, 탑승권 제출
- 면세점 쇼핑하기.
- 탑승권에 적힌 게이트로 이동해 항공기 탑승. - 탑승권 제출
- 일본 입국수속 절차
    - 기내에서 일본 출입국신고서와 세관신고서 작성 (기내에서 승무원에게 받아서 적어두는 것이 좋고, 만일 받지 못한 경우 입국 심사대 앞에 비치된 것을 사용해 작성한다)
    - 입국심사 받기 (여권, 항공권, 출입국신고서 제출)
    - 짐 찾기 (비행기 편명이 적힌 턴테이블에서)
    - 세관 심사받기 (세관신고서 제출, 신고할 내용이 없는 경우 그냥 통과)

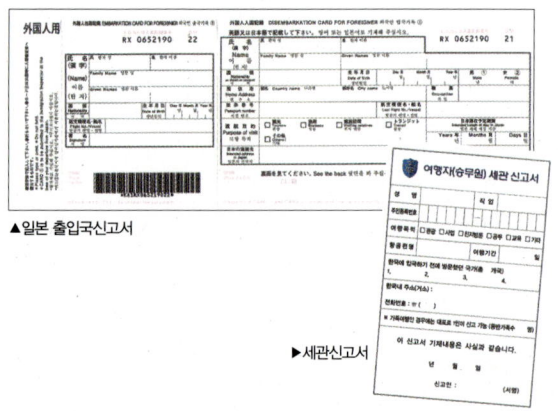

▲일본 출입국신고서

▶세관신고서

7 현지 여행 즐기기

- 계획표에 따라 신나는 여행 즐기기.
- 시간이 남을 경우 숙소 주변이나 현지에서 추천하는 곳 구경하기.
- 축제나 공연 등을 통해 일본문화를 직접 즐기고 체험해 보기.
- 항공권 예약 재확인하기.

8 귀국 전날 ▶ 귀국 준비하기

- 짐 꾸리기.
- 여권과 항공권 확인하기.
- 공항으로 가는 교통편과 시간표, 요금 확인(성수기에는 미리 예매하는 것이 안전하다).

9 귀국일 ▶ 집으로

- 출발 3시간 전에 공항에 도착.
- 항공사 카운터에서 탑승수속하기.
  - 항공권과 여권을 제시
  - 좌석 배정 받고
  - 짐 부치고
  - 탑승권 받기
- 출국심사장으로 들어가기. – 여권, 탑승권 제출
- 출국 심사받기. – 여권, 탑승권 제출
- 면세점에서 쇼핑하기.
- 탑승권에 적힌 게이트로 이동해 항공기 탑승. – 탑승권 제출

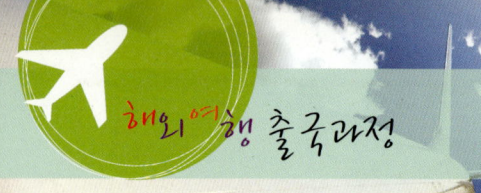

해외여행 출국과정

공항도착 → 항공사 탑승수속 및 수하물 위탁 (여권, 항공권 제시) → 환전 → 출국장 입장 → 출국보안검사 (휴대품) → 출국심사 (탑승권, 여권) → 면세점 쇼핑 → 출발 항공사 게이트에서 대기 (출발 30분 전까지 도착) → 탑승 (여권, 탑승권)

★ 공항 병무신고 폐지

법무부와 병무청 간에 국외여행허가자료 실시간 전송 시스템을 구축, 법무부 출국심사 시스템에서 병역의무자의 국외여행허가 사항을 확인할 수 있게 됨에 따라 공항 및 항만 병무신고 사무소를 폐쇄하여 출국이 편리해졌다.

1 항공사 카운터에서 탑승수속

● 카운터 찾기

탑승할 항공사와 탑승수속 카운터를 확인한 후 탑승수속을 밟는다.
- 자신의 좌석 등급(일등석~일반석)에 따라 전용 카운터 이용.
- 짐이 없다면 빠른 수속이 가능한 짐이 없는 승객 전용 카운터 이용.
- 인터넷 항공권을 소지한 경우 인터넷 전용 카운터 이용.

● 좌석 배정

본인이 이용할 항공사의 해당 카운터 앞에 줄 서 있다가 차례가 되면 여권과 항공권을 카운터 직원에게 제출한다. 이때 해당 항공사의 마일리지 카드가 있다면 함께 제출해서 마일리지를 적립 받도록 하고, 원하는 좌석을 부탁하면 남아 있는 좌석 중 원하는 좌석으로 배정해 준다. 도쿄로 가는 비행기의 경우 진행 방향 좌측에 후지산이 보이기 때문에 A열의 좌석 번호를 받으면 후지산의 풍경을 감상할 수 있다.

- 탑승권 확인

    여행사나 항공사를 통해 미리 구입한 항공권 바우처(증거 서류)를 항공사 카운터에 제출하면 탑승권을 받게 된다. 탑승권을 수령할 때는 반드시 본인의 영문 이름과 출국·귀국일 및 탑승구간을 꼼꼼히 확인한다. 영문 이름이 잘못 기재되어 있거나 귀국일이 틀린 경우 현지에서 문제가 발생할 수 있으므로 꼭 확인하고 탑승시간과 탑승게이트 확인도 잊지 말자.

- 짐 부치기

    비행기를 이용할 때 무겁고 큰 짐이 없다면 그냥 들고 타는 것도 괜찮다. 짐을 찾는 시간을 절약할 수 있기 때문이다. 수하물은 그 무게에 제한이 있는데, 보통 이코노미 클래스의 경우 20Kg까지는 무료이며 초과 시에는 항공사의 규정에 따라 추가요금을 내야 한다. 참고로 스키 장비나 골프 장비의 경우에는 공항 내에 따로 있는 대형수하물 창구를 이용해야 한다. 또 짐을 맡기면 수하물 보관증을 항공권에 붙여주는데 잘 보관해야 한다. 트렁크가 파손되었거나 짐이 없어졌을 때 꼭 필요하다.

★ 도심공항터미널을 이용하여 탑승수속을 할 경우

도심공항터미널(삼성동)에서 탑승수속을 마치고 공항에 도착한 여객은 출국장 측면의 전용통로를 통해 보안검색 후 바로 출국심사대를 통과한다.
- 삼성동 KCAT 도심공항터미널 이용안내 02) 551-0077~8

2 출국 게이트를 지나 보안검사

수속을 마치고 탑승권을 받으면 출국 게이트로 들어가 출국심사를 받는다. 게이트 옆에 서 있는 담당자에게 여권과 탑승권을 보여주고 안으로 들어가서 보안검사를 받게 된다. 들고 있는 가방은 물론 주머니 속의 소지품까지 꺼내서 바구니에 담은 후 컨베이어 벨트 위에 놓고 X선 탐지기를 통과 시킨다. 가방 안에 노트북이 있을 경우 미리 말한다.

3 출국심사 받기

수하물 검사, 소지품 체크, 세관 검사가 끝나면 출국 검사를 받게 된다. 출국심사대는 외국인과 국민이 구분되어 있으므로 '국민(한국인)' 표시가 있는 창구에서 순서를 기다린다. 자기 순서가 되면 여권과 탑승권을 담당 직원에게 넘겨준다. 컴퓨터 조회 후 문제가 없으면 출국 허가가 나오고 담당 직원이 여권에 출국 스탬프를 찍어준다.

4 면세점에서 쇼핑 즐기기

출국 심사가 끝나고 로비로 나오면 정면에 면세 매장이 있다. 시간적인 여유가 있으면 세일을 하는 곳이 있는지 살펴보자. 또한 면세품은 시중 면세점에서 미리 쇼핑할 수도 있는데, 그런 경우 물건은 출국하는 날 공항에서 받게 된다. 공항 내의 면세점은 붐빌 수 있으니 시중 면세점이나 인터넷 면세점에서 여유 있게 물건을 고르는 것도 좋은 방법이다. 시중 면세점을 이용할 때는 반드시 여권과 항공권을 가지고 있어야 하며, 이곳에서는 술, 담배 종류는 취급하지 않는다. 공항에 있는 면세품 인도장에서 면세품 교환권, 여권, 탑승권을 제시하고 구입한 물건을 받으면 된다.

5 출발게이트로 향하기

면세점에서 쇼핑을 마치면 모이기로 한 장소로 가거나, 비행기 출발 시간 30분 전까지 해당 게이트(탑승권에 해당 게이트 번호가 적혀있다)로 가야한다. 면세점에서 쇼핑하다가 늦지 않도록 주의한다.

6 비행기에 탑승하기

해당 게이트 앞에서 기다리면 비행기에 탑승하라는 안내방송이 나온다. 이때 장애인과 어린이 동반자, 퍼스트 클래스, 비즈니스 클래스 탑승자 먼저 입장한 후 이코노미 클래스 탑승자가 입장한다. 안내방송 순서에 따라 탑승하면 된다. 승무원에게 항공권을 제시한 후 게이트를 통과하면 곧바로 비행기에 탑승하는데, 비행기가 게이트에 바로 연결되지 않은 경우에는 활주로 상에 대기하고 있는 버스를 타고 비행기가 있는 곳까지 가서 탑승하면 된다. 비행기 탑승구 바로 앞 쪽에 무료로 제공되는 신문이 여러 종류 놓여 있어 필요한 것을 가져가면 된다.

| ◯ Track 01

여행이 즐거워지는 기본표현

일본어를 몰라도 기본적인 표현 몇 가지만 알아두면 좀 더 편하고 즐거운 여행을 즐길 수 있다. 일본어는 우리말과 어순이 같아서 몇 가지 간단한 기본 표현을 알아두고 그때그때 필요한 단어만 넣어 주면 된다. 겁내지 말고 도전해 보자.

● ~(을) 주세요.

~(を) ください。
~(오) 쿠다사이

금 나와라 뚝딱! 은 나와라 뚝딱! 원하는 것을 앞에 넣고 주문만 외우면 이루어진다. 이름을 모를 때는 초간단 해결법, 직접 가리키면서 これください(이거 주세요) 하면 된다. 언제 어디서든지 원하는 것이 있을 때는 ください를 외쳐 보자.

주스 주세요.
Juice, please.

ジュース ください。
쥬-스 쿠다사이

커피 주세요.
Could I have a coffee, please?

コーヒー ください。
코-히- 쿠다사이

이것을 주세요.
I'll take this.

これを ください。
코레오 쿠다사이

물 주세요.
Water, please.

<ruby>水<rt>みず</rt></ruby>を ください。
미즈오 쿠다사이

한국어 신문 주세요.
A Korean paper, please.

<ruby>韓国語<rt>かんこくご</rt></ruby>の <ruby>新聞<rt>しんぶん</rt></ruby>を ください。
캉코쿠고노 심붕오 쿠다사이

- ~(을) 부탁해요.

  ~(を) おねがいします。
  ~(오) 오네가이시마스

이 표현은 ~ください(주세요)보다 공손한 표현이지만 당당하게 요구할 수 있을 때 쓰는 표현이다. 이 표현 역시 おねがいします 앞에 명사만 넣어주면 된다.

담요 부탁해요.
Can I have a blanket?

<ruby>毛布<rt>もうふ</rt></ruby> おねがいします。
모-후 오네가이시마스

금연석으로 부탁해요.

Non-smoking, please.

禁煙席を おねがいします。
킹엔세키오 오네가이시마스

룸서비스 부탁합니다.

Room service, please.

ルームサービスを おねがいします。
루―무사―비스오 오네가이시마스

예약 부탁합니다.

I'd like to make a reservation.

予約を おねがいします。
요야쿠오 오네가이시마스

메뉴를 부탁해요.

Menu, please.

メニューを おねがいします。
메뉴―오 오네가이시마스

주문 부탁드려요.

Can I order now?

注文を おねがいします。
츄―몽오 오네가이시마스

계산해 주세요.

Check, please.

お勘定を おねがいします。
오칸죠―오 오네가이시마스

● ~은 어디예요?

~は どこですか。
~와 도꼬데스까

장소 뒤에 붙여 위치를 물어볼 때 쓰는 표현.

화장실이 어디예요?
Where is the bathroom[restroom]?

トイレは どこですか。
토이레와 도꼬데스까

면세점이 어디예요?
Where is the duty-free shop?

免税店は どこですか。
멘제-텡와 도꼬데스까

탑승게이트는 어디예요?
Where is the boarding gate?

搭乗ゲートは どこですか。
토-죠-게-토와 도꼬데스까

버스정류장은 어디입니까?
Where is the bus stop?

バス停は どこですか。
바스테-와 도꼬데스까

- ~(해) 주실래요?

~(して) もらえますか。
~(시떼) 모라에마스까

정중하게 부탁할 때 쓰는 표현. 앞에 오는 동사 활용이 쉽지 않지만 예문을 보고 사용하면 된다.

방을 보여 주실래요?
Can I see the room?
部屋を 見せて もらえますか。
헤야오 미세떼 모라에마스까

전화 좀 빌려 주실래요?
May I use the phone?
電話を 貸して もらえますか。
뎅와오 카시떼 모라에마스까

트렁크를 열어 주실래요?
Could you open the trunk?
トランクを 開けて もらえますか。
토랑쿠오 아케떼 모라에마스까

좀 깎아주실래요?
Could you give me a discount?
もっと 安くして もらえますか。
못또 야스쿠시떼 모라에마스까

- ~(해) 주시겠어요?

~(して) いただけませんか。
~(시떼) 이타다케마셍까

부탁할 때 쓰는 아주 정중한 표현이기 때문에 상대방에게 미안한 부탁을 할 때도 쓸 수 있다. 레스토랑에서 웨이터에게 테이블을 치워 달라고 하거나, 비행기나 기차에서 다른 사람에게 자리를 바꿔 달라고 할 때 쓸 수 있는 유용한 표현이다.

자리 좀 바꿔 주시겠어요?
Could you please change my seat?
席を 替えて いただけませんか。
세키오 카에떼 이타다케마셍까

접시를 치워 주시겠어요?
Could you take our plates away?
お皿を 下げて いただけませんか。
오사라오 사게떼 이타다케마셍까

지도를 그려 주실 수 있겠습니까?
Could you draw a map?
地図を 描いて いただけませんか。
치즈오 카이떼 이타다케마셍까

사진 좀 찍어 주시겠어요?
Could you take my picture?
写真を 撮って いただけませんか。
샤싱오 톳떼 이타다케마셍까

● ~하고 싶은데요.

~(し)たいんですが。
~(시)따인데스가

자신이 하고 싶은 것을 말할 때, 혹은 부탁할 때 쓰는 정중한 표현이다.

예약 확인을 하고 싶은데요.
I'd like to confirm my reservation.
予約の 確認を したいんですが。
요야쿠노 카쿠닝오 시따인데스가

팩스를 보내고 싶은데요.
I'd like to send a fax.
ファックスを 送りたいんですが。
확쿠스오 오쿠리따인데스가

오늘밤 예약하고 싶은데요.
I'd like a reservation for tonight.
今夜の 予約を したいんですが。
콩야노 요야쿠오 시따인데스가

차를 빌리고 싶은데요.
I'd like to rent a car.
車を 借りたいんですが。
쿠루마오 카리따인데스가

- ~해도 될까요?

~(し)ても いいですか。
~(시)떼모 이-데스까

허락을 구할 때 쓰는 표현이다.

담배를 피워도 됩니까?
May I smoke?
タバコを 吸っても いいですか。
타바코오 슷떼모 이-데스까

질문해도 되나요?
May I ask you something?
質問しても いいですか。
시츠몬시떼모 이-데스까

여기서 사진 찍어도 되나요?
May I take a picture here?
ここで 写真を 撮っても いいですか。
코꼬데 샤싱오 톳떼모 이-데스까

여기 앉아도 될까요?
May I sit here?
ここに 座っても いいですか。
코꼬니 스왓떼모 이-데스까

- ~(이) 있어요?

~(は) ありますか。
~(와) 아리마스까

이 표현은 자신이 찾는 것이 있는지 물어볼 때 필요하다. ありますか 앞에 명사만 넣어주면 OK.

지도 있어요?
Do you have a map?

地図 ありますか。
치즈 아리마스까

이 근처에 주유소가 있나요?
Is there a gas station near here?

この 近くに ガソリンスタンドは ありますか。
코노 치카쿠니 가소린스탄도와 아리마스까

한국어로 된 팸플릿은 있습니까?
Do you have a Korean brochure?

韓国語の パンフレットは ありますか。
캉코쿠고노 팡후렛토와 아리마스까

당일권은 있습니까?
Do you have a today's ticket?

当日券は ありますか。
토-지츠켕와 아리마스까

- ~(은) 없나요?

~(は) ありませんか。
~(와) 아리마셍까

이 표현도 물건을 살 때나 뭔가를 요구할 때, 자신이 찾는 것이 있는지 물어볼 때 쓰는 표현이지만, ~ありますか보다 좀 더 공손하게 들린다.

좀 더 싼 방은 없나요?
Do you have any less expensive rooms?
もっと 安い 部屋は ありませんか。
못또 야스이 헤야와 아리마셍까

이걸로 다른 색은 없나요?
Do you have this in any other colors?
これで 色違いは ありませんか。
코레데 이로치가이와 아리마셍까

멀미약은 없나요?
Do you have a medicine for nausea?
酔い止めの 薬は ありませんか。
요이도메노 쿠스리와 아리마셍까

이 근처에 백화점은 없나요?
Is there a department store near here?
この 辺りに デパートは ありませんか。
코노 아타리니 데파-토와 아리마셍까

- ~은 언제입니까?

~は いつですか。
~와 이츠데스까

시작하는 시간, 끝나는 시간, 도착하는 시간 등 시간이나 때를 물어보는 표현.

도착시간은 언제예요?
What is the arrival time?

到着時間は いつですか。
토-챠쿠지캉와 이츠데스까

폐관시간은 언제입니까?
When is the closing time?

閉館時間は いつですか。
헤-칸지캉와 이츠데스까

다음 상연은 언제입니까?
When is the next performance?

次の 上演は いつですか。
츠기노 죠-엥와 이츠데스까

다음 비행기는 언제입니까?
When is the next available flight?

次の 便は いつですか。
츠기노 빙와 이츠데스까

● ~은 어떠세요?

～は いかがですか。
~와 이카가데스까

뭔가를 정중하게 권할 때 많이 사용하는 표현. 기내에서 혹은 쇼핑할 때 많이 듣게 되는 말이다. 원한다면 おねがいします(부탁합니다)라고 대답하면 된다.

이건 어떠세요?
How about this one?

これは いかがですか。
코레와 이카가데스까

녹차 드릴까요?
Would you like some green tea?

緑茶は いかがですか。
료쿠차와 이카가데스까

미즈와리 (한 잔) 어떠세요?
Would you like to drink Mizuwari?

水割は いかがですか。
미즈와리와 이카가데스까

맥주 한 잔 어떠세요?
Would you like to drink a beer?

ビールは いかがですか。
비-루와 이카가데스까

- ~은 얼마예요?

~は いくらですか。
~와 이쿠라데스까

쇼핑할 때는 이 표현만 알아도 문제없다. 그밖에도 환율, 입장료 등 각종 비용에 관해 쓸 수 있는 표현이다.

그건 얼마입니까?
How much does it cost?

それは いくらですか。
소레와 이쿠라데스까

입장료는 얼마입니까?
How much is the entrance fee?

入場料(にゅうじょうりょう)は いくらですか。
뉴―죠―료―와 이쿠라데스까

환율이 얼마입니까?
What's the exchange rate?

交換(こうかん)レートは いくらですか。
코―칸레―토와 이쿠라데스까

수수료는 얼마입니까?
How much is the commission?

手数料(てすうりょう)は いくらですか。
테스―료―와 이쿠라데스까

● 이것 / 그것 / 저것 / 어느 것
これ / それ / あれ / どれ
코레 / 소레 / 아레 / 도레

사물을 가리킬 때 쓰는 지시 대명사. 쇼핑을 하거나 음식을 주문할 때 손으로 가리키면서 これ(이거)라고 하면 된다.

이거 주세요.
I'll take this.
これ ください。
코레 쿠다사이

저것 좀 보여 주실래요?
Would you show me that?
あれを 見せて もらえますか。
아레오 미세떼 모라에마스까

이건 어디 제품이에요?
Where was this made?
これは どこ製ですか。
코레와 도꼬세-데스까

생선 요리는 어느 것입니까?
Which one is it the fish?
魚料理は どれですか。
사카나료-리와 도레데스까

- 저기요 / 죄송합니다 / 감사합니다.

すみません。
스미마셍

일본에서 가장 많이 쓰는 말을 꼽아 보라면 단연 すみません이다. 이 말은 사람을 부를 때, 고마움을 표할 때, 미안함을 표할 때, 양해를 구할 때 쓸 수 있는 쓰임새가 다양한 표현이다. 반복해서 연습해 두자.

저기요~, 이거 얼마예요?
Excuse me. How much is this?

すみません。これは いくらですか。
스미마셍 코레와 이쿠라데스까

실례합니다. 신주쿠 역이 어디예요?
Excuse me. Where is Shinjuku station?

すみません。新宿駅は どこですか。
스미마셍 신주쿠에키와 도꼬데스까

정말 감사합니다.
Thank you very much.

どうも、すみません。
도-모 스미마셍

죄송합니다.
I'm sorry.

すみません。
스미마셍

- 고맙습니다.
  # どうも。
  도–모

どうも는 감사, 사과 표현에서 '대단히, 정말로'라는 뜻으로 쓰이기도 하지만 뒤에 오는 말을 생략하고 どうも만 써도 의미가 충분히 전달된다. 단, 윗사람에게 どうも만 사용하는 것은 실례가 된다.

정말 죄송합니다.
I'm sorry.

どうも、すみません。
도–모 스미마셍

대단히 감사합니다.
Thank you very much.

どうも、ありがとうございます。
도–모 아리가토–고자이마스

정말 실례했습니다.
I'm sorry.

どうも、失礼しました。
도–모 시츠레–시마시따

감사합니다.
Thank you.

どうも。
도–모

33

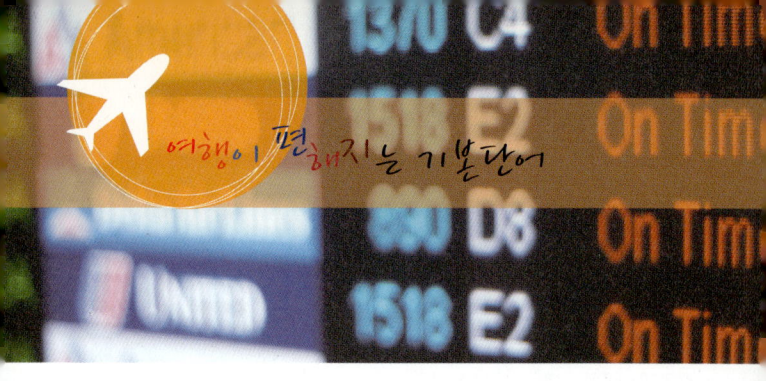

1 숫자(기수)

1	いち	이치	11	じゅういち	쥬―이치
2	に	니	20	にじゅう	니쥬―
3	さん	상	30	さんじゅう	산쥬―
4	し/よん/よ	시/용/요	40	よんじゅう	욘쥬―
5	ご	고	50	ごじゅう	고쥬―
6	ろく	로쿠	60	ろくじゅう	로쿠쥬―
7	しち/なな	시치/나나	70	ななじゅう	나나쥬―
8	はち	하치	80	はちじゅう	하치쥬―
9	く/きゅう	쿠/큐―	90	きゅうじゅう	큐―쥬―
10	じゅう	쥬―	100	ひゃく	햐쿠

100	ひゃく	햐쿠	2000	にせん	니셍
200	にひゃく	니햐쿠	3000	さんぜん	산젱
300	さんびゃく	삼바쿠	4000	よんせん	욘셍
400	よんひゃく	용햐쿠	5000	ごせん	고셍
500	ごひゃく	고햐쿠	6000	ろくせん	록셍
600	ろっぴゃく	롭빠쿠	7000	ななせん	나나셍
700	ななひゃく	나나햐쿠	8000	はっせん	핫셍
800	はっぴゃく	합빠쿠	9000	きゅうせん	큐―셍
900	きゅうひゃく	큐―햐쿠	10000	いちまん	이치망
1000	せん	셍	100000	じゅうまん	쥬―망

2 숫자(서수) 주문할 때 많이 쓰이는 말

하나	ひとつ	히토츠	일곱	ななつ	나나츠
둘	ふたつ	후타츠	여덟	やっつ	얏츠
셋	みっつ	밋츠	아홉	ここのつ	코코노츠
넷	よっつ	욧츠	열	とお	토오
다섯	いつつ	이츠츠	열 하나	じゅういち	쥬-이치
여섯	むっつ	뭇츠	열 둘	じゅうに	쥬-니

열 하나 이하는 기수와 같다.

3 개수(한자어)

한 개	1個(いっこ)	익꼬	일곱 개	7個(ななこ)	나나꼬
두 개	2個(にこ)	니꼬	여덟 개	8個(はっこ)	학꼬
세 개	3個(さんこ)	상꼬	아홉 개	9個(きゅうこ)	큐-꼬
네 개	4個(よんこ)	용꼬	열 개	10個(じゅっこ)	죽꼬
다섯 개	5個(ごこ)	고꼬	열한 개	11個(じゅういっこ)	쥬-익꼬
여섯 개	6個(ろっこ)	록꼬	열두 개	12個(じゅうにこ)	쥬-니꼬

열한 개 이하는 기수에 ~個(こ)만 붙여 주면 된다.

4 언제

언제	いつ	이츠	아침	朝(あさ)	아사
오전	午前(ごぜん)	고젱	낮	昼(ひる)	히루
오후	午後(ごご)	고고	저녁	夕方(ゆうがた)	유-가타
그저께	おととい	오토토이	밤	夜(よる)	요루
어제	きのう	키노-	지난 주	先週(せんしゅう)	센슈-
오늘	きょう	쿄-	이번 주	今週(こんしゅう)	콘슈-
내일	あした	아시타	다음 주	来週(らいしゅう)	라이슈-
모레	あさって	아삿떼	지난 달	先月(せんげつ)	셍게츠
오늘 아침	今朝(けさ)	케사	이번 달	今月(こんげつ)	콩게츠
오늘 밤	今夜(こんや)	콩야	다음 달	来月(らいげつ)	라이게츠

5 시간(시)

1시	いちじ	이치지	8시	はちじ	하치지
2시	にじ	니지	9시	くじ	쿠지
3시	さんじ	산지	10시	じゅうじ	쥬-지
4시	よじ	요지	11시	じゅういちじ	쥬-이치지
5시	ごじ	고지	12시	じゅうにじ	쥬-니지
6시	ろくじ	로쿠지	몇 시	なんじ	난지
7시	しちじ	시치지			

6 시간(분)

1분	いっぷん	입뽕	10분	じゅっぷん	쥽뽕
2분	にふん	니홍	11분	じゅういっぷん	쥬-입뽕
3분	さんぷん	삼뽕	20분	にじゅっぷん	니쥽뽕
4분	よんぷん	욤뽕	30분	さんじゅっぷん	산쥽뽕
5분	ごふん	고홍	40분	よんじゅっぷん	욘쥽뽕
6분	ろっぷん	롭뽕	50분	ごじゅっぷん	고쥽뽕
7분	ななふん	나나홍	60분	ろくじゅっぷん	로쿠쥽뽕
8분	はっぷん	합뽕	반	はん(半)	항
9분	きゅうふん	큐-홍	몇 분	なんぷん/なんふん	남뽕/낭홍

7 요일

일요일	日曜日(にちようび)	니치요-비
월요일	月曜日(げつようび)	게츠요-비
화요일	火曜日(かようび)	카요-비
수요일	水曜日(すいようび)	스이요-비
목요일	木曜日(もくようび)	모쿠요-비
금요일	金曜日(きんようび)	킹요-비
토요일	土曜日(どようび)	도요-비
무슨 요일	何曜日(なんようび)	낭요-비

8 날짜(월)

1월	いちがつ	이치가츠	8월	はちがつ	하치가츠
2월	にがつ	니가츠	9월	くがつ	쿠가츠
3월	さんがつ	상가츠	10월	じゅうがつ	쥬-가츠
4월	しがつ	시가츠	11월	じゅういちがつ	쥬-이치가츠
5월	ごがつ	고가츠	12월	じゅうにがつ	쥬-니가츠
6월	ろくがつ	로쿠가츠	몇 월	なんがつ	낭가츠
7월	しちがつ	시치가츠	언제	いつ	이츠

9 날짜(일)

1일	ついたち	츠이타치	17일	じゅうしちにち	쥬-시치니치
2일	ふつか	후츠까	18일	じゅうはちにち	쥬-하치니치
3일	みっか	믹까	19일	じゅうくにち	쥬-쿠니치
4일	よっか	욕까	20일	はつか	하츠까
5일	いつか	이츠까	21일	にじゅういちにち	니쥬-이치니치
6일	むいか	무이까	22일	にじゅうににち	니쥬-니니치
7일	なのか	나노까	23일	にじゅうさんにち	니쥬-산니치
8일	ようか	요-까	24일	にじゅうよっか	니쥬-욕까
9일	ここのか	코코노까	25일	にじゅうごにち	니쥬-고니치
10일	とおか	토-까	26일	にじゅうろくにち	니쥬-로쿠니치
11일	じゅういちにち	쥬-이치니치	27일	にじゅうしちにち	니쥬-시치니치
12일	じゅうににち	쥬-니니치	28일	にじゅうはちにち	니쥬-하치니치
13일	じゅうさんにち	쥬-산니치	29일	にじゅうくにち	니쥬-쿠니치
14일	じゅうよっか	쥬-욕까	30일	さんじゅうにち	산쥬-니치
15일	じゅうごにち	쥬-고니치	31일	さんじゅういちにち	산쥬-이치니치
16일	じゅうろくにち	쥬-로쿠니치	며칠	なんにち(何日)	난니치

10 계절

봄	春(はる)	하루	가을	秋(あき)	아키
여름	夏(なつ)	나츠	겨울	冬(ふゆ)	후유

11 사람 수

1명	ひとり	히토리	8명	はちにん	하치닝
2명	ふたり	후타리	9명	きゅうにん	큐-닝
3명	さんにん	산닝	10명	じゅうにん	쥬-닝
4명	よにん	요닝	11명	じゅういちにん	쥬-이치닝
5명	ごにん	고닝	12명	じゅうににん	쥬-니닝
6명	ろくにん	로쿠닝	20명	にじゅうにん	니쥬-닝
7명	しちにん	시치닝	몇 명	なんにん	난닝

일본어 문자

히라가나(ひらがな)

あ 아	か 카	さ 사	た 타	な 나	は 하	ま 마	や 야	ら 라	わ 와	ん 응
い 이	き 키	し 시	ち 치	に 니	ひ 히	み 미		り 리		
う 우	く 쿠	す 스	つ 츠	ぬ 누	ふ 후	む 무	ゆ 유	る 루		
え 에	け 케	せ 세	て 테	ね 네	へ 헤	め 메		れ 레		
お 오	こ 코	そ 소	と 토	の 노	ほ 호	も 모	よ 요	ろ 로	を 오	

가타카나(カタカナ)

ア 아	カ 카	サ 사	タ 타	ナ 나	ハ 하	マ 마	ヤ 야	ラ 라	ワ 와	ン 응
イ 이	キ 키	シ 시	チ 치	ニ 니	ヒ 히	ミ 미		リ 리		
ウ 우	ク 쿠	ス 스	ツ 츠	ヌ 누	フ 후	ム 무	ユ 유	ル 루		
エ 에	ケ 케	セ 세	テ 테	ネ 네	ヘ 헤	メ 메		レ 레		
オ 오	コ 코	ソ 소	ト 토	ノ 노	ホ 호	モ 모	ヨ 요	ロ 로	ヲ 오	

탁음과 반탁음

히라가나					가타카나				
탁음				반탁음	탁음				반탁음
が 가	ざ 자	だ 다	ば 바	ぱ 파	ガ 가	ザ 자	ダ 다	バ 바	パ 파
ぎ 기	じ 지	ぢ 지	び 비	ぴ 피	ギ 기	ジ 지	ヂ 지	ビ 비	ピ 피
ぐ 구	ず 즈	づ 즈	ぶ 부	ぷ 푸	グ 구	ズ 즈	ヅ 즈	ブ 부	プ 푸
げ 게	ぜ 제	で 데	べ 베	ぺ 페	ゲ 게	ゼ 제	デ 데	ベ 베	ペ 페
ご 고	ぞ 조	ど 도	ぼ 보	ぽ 포	ゴ 고	ゾ 조	ド 도	ボ 보	ポ 포

요음

히라가나										
きゃ 캬	ぎゃ 갸	しゃ 샤	じゃ 쟈	ちゃ 챠	にゃ 냐	ひゃ 햐	びゃ 뱌	ぴゃ 퍄	みゃ 먀	りゃ 랴
きゅ 큐	ぎゅ 규	しゅ 슈	じゅ 쥬	ちゅ 츄	にゅ 뉴	ひゅ 휴	びゅ 뷰	ぴゅ 퓨	みゅ 뮤	りゅ 류
きょ 쿄	ぎょ 교	しょ 쇼	じょ 죠	ちょ 쵸	にょ 뇨	ひょ 효	びょ 뵤	ぴょ 표	みょ 묘	りょ 료

가타카나										
キャ 캬	ギャ 갸	シャ 샤	ジャ 쟈	チャ 챠	ニャ 냐	ヒャ 햐	ビャ 뱌	ピャ 퍄	ミャ 먀	リャ 랴
キュ 큐	ギュ 규	シュ 슈	ジュ 쥬	チュ 츄	ニュ 뉴	ヒュ 휴	ビュ 뷰	ピュ 퓨	ミュ 뮤	リュ 류
キョ 쿄	ギョ 교	ショ 쇼	ジョ 죠	チョ 쵸	ニョ 뇨	ヒョ 효	ビョ 뵤	ピョ 표	ミョ 묘	リョ 료

CHAPTER 1

기본회화

Track 02

 Tip 인사하기

인사는 어느 나라나 중요하지만 일본은 특히 그렇다. 인사로 시작해서 인사로 끝난다고 해도 과언이 아닐 정도다. 그리고 영어처럼 시간에 따라 다르게 표현한다는 것도 우리와 다른 점.

안녕하세요.(아침)
Good morning.

おはようございます。
오하요- 고자이마스

안녕하세요.(점심)
Good afternoon.

こんにちは。
곤니치와

안녕하세요.(저녁)
Good evening.

こんばんは。
콤방와

안녕히 주무세요.
Good night.

おやすみなさい。
오야스미나사이

처음 뵙겠습니다.
How do you do?

はじめまして。
하지메마시떼

만나서 반갑습니다.
Nice to meet you!

お会いできて うれしいです。
오아이데키떼 우레시-데스

잘 부탁합니다.
Please go easy on me.

よろしく おねがいします。
요로시쿠 오네가이시마스

다녀오겠습니다. (호텔이나 여관에서도 쓸 수 있다.)
I'm leaving.

いってきます。
잇떼 키마스

잘 다녀오세요.
Have a nice day!

いってらっしゃい。
잇떼랏샤이

다녀왔습니다. (호텔이나 여관에서도 쓸 수 있다.)
I'm home.

ただいま。
타다이마

다녀오셨어요?
Welcome home!

おかえりなさい。
오카에리나사이

잘 먹었어요.
Thank you for lunch[dinner].

ごちそうさま。
고치소-사마

안녕히 가세요[계세요].
Goodbye.

さようなら。
사요- 나라

또 만나요.
See you next time.

また 会いましょう。
마따 아이마쇼-

그럼 나중에 또 만나요.
See you.

じゃ、また 今度。
쟈 마따 콘도

좋은 여행 되세요.
Have a nice trip!

気を つけて。
키오 츠케떼

감사합니다.
Thank you.

ありがとう ございます。
아리가또- 고자이마스

> **Tip** 의사표현하기
>
> 기본표현만 알고 있어도 아주 기본적인 의사소통은 가능하다. 가능하면 외워서 필요할 때 활용하도록 하자.

기뻐요.
I am happy.

うれしいです。
우레시-데스

안됐네요.
I'm sorry to hear that.

ざんねんです。
잔넨데스

실례합니다 [죄송합니다].
Excuse me [I'm sorry].

すみません。
스미마셍

실례했습니다.
Excuse me.

失礼しました。
시츠레-시마시따

저야말로 실례했습니다.
I'm sorry, too.

わたしこそ 失礼しました。
와타시코소 시츠레-시마시따

천만에요.
You're welcome.
どういたしまして。
도-이타시마시떼

알겠습니다.
I see.
わかりました。
와카리마시따

모르겠습니다.
I don't understand.
わかりません。
와카리마셍

일본어를 못합니다.
I cannot speak Japanese.
日本語が できません。
니홍고가 데키마셍

좀 천천히 말씀해 주세요.
Please, speak more slowly.
もう 少し、ゆっくり しゃべって ください。
모- 스코시 육쿠리 샤벳떼 쿠다사이

한국어 할 줄 아는 사람 있어요?
Is there anyone can speak Korean?
韓国語の できる 人は いますか。
캉코쿠고노 데키루 히토와 이마스까

> **Tip 말 걸기**
>
> 누군가에게 말을 걸 때는 しつれいですが(실례합니다만)라든가, すみませんが(죄송합니다만)라는 말로 시작하는 것이 좋다. 또 레스토랑이나 커피숍 등에서 종업원을 부를 때는 すみません(저기요)이라고 하면 된다. すみません은 여러 상황에서 쓸 수 있는 표현이다.

저기요.

Excuse me.

すみません。
스미마셍

잠깐만요.

Wait!

待って。
맛떼

내가 한 잔 살까?

Can I get you something to drink?

何か 飲み物を おごらせて もらっても いいかな。
나니까 노미모노오 오고라세떼 모랏떼모 이-까나

어디에서 왔습니까?

Where are you from?

どこから 来ましたか?
도꼬카라 키마시타까

같이 안 마실래?

Would you like to drink with me?

一緒に 飲まない?
잇쇼니 노마나이

Tip 묻고 답하기

잘 모르는 것이 있으면 적극적으로 물어보자. 이때 질문하기 전에 すみませんが、ちょっとおききしたいんですが(죄송하지만, 좀 여쭙고 싶은데요)라고 말하면 상대방도 기분 좋게 대답해 줄 것이다.

말씀 좀 묻겠습니다.

May I ask you a question?

ちょっと お聞きしたいんですが。

촛또 오키끼 시따인데스가

질문해도 되나요?

May I ask you something?

質問しても いいですか。

시츠몬시떼모 이-데스까

저 사람은 누구입니까?

Who's that man[woman/girl/boy…]?

あのひとは だれですか。

아노히토와 다레데스까

이것은 무엇입니까?

What's this?

これは なんですか。

코레와 난데스까

여기는 어디입니까?

Where am I?

ここは どこですか。

코꼬와 도꼬데스까

언제 갑니까?
When will you go?

いつ 行きますか。
이츠 이키마스까

어디에 있습니까?
Where is it?

どこに ありますか。
도꼬니 아리마스까

어디까지 갑니까?
Where are you going?

どこまで 行きますか。
도꼬마데 이키마스까

일본어로 뭐라고 합니까?
What do you call this in Japanese?

日本語で 何と いいますか。
니홍고데 난또 이-마스까

얼마나 걸립니까?
How long does it take?

どのくらい かかりますか。
도노 쿠라이 카까리마스까

어떻게 하면 됩니까?
What can I do?

どうすれば いいですか。
도-스레바 이-데스까

얼마입니까?
How much is it?

いくらですか。
이쿠라데스까

어느 쪽입니까?
Which one?

どちらですか。
도치라데스까

정말이에요?
Is that right?

本当ですか。
혼또-데스까

지금 몇 시입니까?
What time is it now?

今、何時ですか。
이마 난지데스까

몇 시에 시작합니까?
What time does it start?

何時に 始まりますか。
난지니 하지마리마스까

몇 시까지 합니까?
When does it end?

何時まで やって いますか。
난지마데 얏떼 이마스까

언제 출발합니까?

When will you depart?

いつ 出発しますか。
이츠 슙파츠시마스까

(지도를 보여 주며) 이 호텔이 어디예요?

Where is this hotel?

この ホテルは どこですか。
코노 호테루와 도꼬데스까

화장실이 어디예요?

Where is the toilet?

トイレは どこですか。
토이레와 도꼬데스까

그렇게 생각합니다.

I think so.

そう 思います。
소— 오모이마스

예.

Yes.

はい[ええ]。
하이 [에—]

아뇨.

No.

いいえ。
이—에

아닙니다.
No, that's wrong[different].

ちがいます。
치가이마스

알겠습니다.
I see.

わかりました。
와카리마시따

모르겠습니다.
I don't understand.

わかりません。
와카리마셍

아마 (그럴 거예요).
Maybe.

たぶん。
타붕

맞아요.
That's right.

その通りです。
소노 토오리데스

아뇨, 괜찮습니다.
No, thanks.

いいえ、けっこうです。
이-에 켁코-데스

이걸로 충분해요.
That's enough.

もう 十分(じゅうぶん)です。
모- 쥬-분데스

예 부탁해요.
Yes, please.

はい、おねがいします。
하이 오네가이시마스

물론이에요.
Of course.

もちろんです。
모치론데스

알아요.
I know.

知(し)って います。
싯떼 이마스

좋아요.
All right.

いいですよ。
이-데스요

싫어요.
No way. / Never.

イヤです。
이야데스

 잘 못 알아들었을 때

주변이 시끄러울 때 혹은 다른 이유로 상대방의 말을 잘 못 알아들었을 때는 망설이지 말고 다시 물어보자. 이 때도 되묻기 전에 すみませんが(죄송하지만)로 시작하는 것이 좋다.

잘 못 들었습니다.

I can't hear you well.

よく 聞きとれませんでした。

요쿠 키키토레마센데시따

한 번 더 말해 주세요.

I beg your pardon.

もう 一度 言って ください。

모- 이치도 잇떼 쿠다사이

좀 더 천천히 말씀해 주세요.

Please speak more slowly.

もっと ゆっくり 言って ください。

못또 육쿠리 잇떼 쿠다사이

그게 무슨 뜻입니까?

What does that mean?

それは どういう 意味ですか。

소레와 도-유- 이미데스까

뭐라고 말하셨어요?

What did you say?

なんて 言いました。

난떼 이-마시따

Tip 처음 만났을 때

처음 만난 사람에게는 정중한 태도로 대해야 한다. 다소 발음이 어눌해도 예의바르게 행동하면 좋은 인상을 줄 수 있기 때문이다. 가능한 한 자랑은 삼가고 겸손한 태도로 대해야 빨리 친해질 수 있다.

처음 뵙겠습니다.
How do you do?

はじめまして。
하지메마시떼

만나서 반갑습니다.
Nice to meet you!

お会いできて うれしいです。
오아이데키떼 우레시이데스

잘 부탁합니다.
Please go easy on me.

よろしく おねがいします。
요로시쿠 오네가이시마스

성함이 어떻게 되십니까?
What's your name?

お名前は 何ですか。
오나마에와 난데스까

성함을 다시 한 번 말씀해 주세요.
What was your name again?

お名前を もう一度 おねがいします。
오나마에오 모-이치도 오네가이시마스

제 이름은 이유나입니다.

My name is Lee Yu Na.

わたしの 名前は イユナです。

와타시노 나마에와 이유나데스

어디에서 왔습니까?

Where are you from?

どこから 来ましたか。

도꼬까라 키마시타까

한국에서 왔습니다.

I'm from Korea.

韓国から 来ました。

캉코쿠까라 키마시따

일본은 처음입니다.

This is my first trip to Japan.

日本は 初めてです。

니홍와 하지메떼데스

저는 독신입니다.

I'm single.

わたしは シングルです。

와타시와 싱구루데스

아이는 없습니다.

I don't have any children.

子供は いません。

코도모와 이마셍

Tip 감사표현하기

아무리 사소한 것이라도 남의 친절이나 호의에 대해 감사의 마음을 전하는 것을 잊지 말자.

고마워요.

Thank you.

ありがとう。

아리가또-

대단히 감사합니다.

Thank you very much.

どうも ありがとうございます。

도-모 아리가또- 고자이마스

친절에 감사드립니다.

Thank you for your kindness.

ご親切に ありがとうございます。

고신세츠니 아리가또- 고자이마스

여러 가지로 감사합니다.

Thank you very much for everything.

いろいろと ありがとうございました。

이로이로또 아리가또- 고자이마시따

저야말로.

My pleasure.

こちらこそ。

코치라코소

> **Tip** 사과하기
>
> 사과 표현에는 여러 가지가 있는데 ごめんなさい(고멘나사이)는 윗사람에게는 쓸 수 없다. 가장 일반적으로 사용할 수 있는 것은 すみません(스미마셍)이다. すみません은 말을 걸 때, 고마움을 표할 때, 사과할 때는 물론 부탁이나 거절할 때 문장 첫 머리에 쓰이기도 한다.

미안해요.
I'm sorry.

ごめんなさい。
고멘나사이

미안합니다.
I'm sorry.

すみません。 (すみません은 상황에 따라 여러 가지로 쓰인다.)
스미마셍

실례했습니다.
I'm sorry.

失礼しました。
시츠레- 시마시따

진심으로 사과드립니다.
I apologize from bottom of my heart.

心から 謝ります。
코꼬로카라 아야마리마스

앞으로 조심하겠습니다.
I'll be more careful from now on.

これから 気を つけます。
코레까라 키오 츠케마스

Tip 축하 · 기원 · 위로

축하할 일이나 기원할 일, 위로할 일이 있을 때는 진심어린 말을 건네 보자. 이런 상황에서 오가는 따뜻한 말 한마디로 더욱 가까워질 수 있다.

축하합니다.
Congratulations!

おめでとうございます。
오메데또- 고자이마스

생일 축하해요.
Happy Birthday!

お誕生日 おめでとうございます。
오탄죠-비 오메데또- 고자이마스

새해 복 많이 받으세요.
Happy New Year!

あけまして おめでとうございます。
아케마시떼 오메데또- 고자이마스

메리 크리스마스!
Merry Christmas!

メリークリスマス。
메리- 크리스마스

잘 됐네요.
That's good!

よかったですね。
욕갓따데스네

성공을 빕니다.
I wish you success.
成功を 祈ります。
세-코-오 이노리마스

건강하시기 바랍니다.
I wish you good health.
健康を 祈ります。
켕코-오 이노리마스

안됐군요.
I'm so sorry.
お気の毒に。
오키노도쿠니

그거 참 안됐네요.
That's a shame.
それは 残念です。
소레와 잔넨데스

기운 내세요.
Don't let things get you down.
気を 落とさないで。
키오 오토사나이데

포기하지 마세요.
Don't give up.
あきらめないで。
아키라메나이데

Tip 칭찬하기

칭찬은 고래도 춤추게 한다는 말도 있다. 상대방의 장점을 찾아내서 적극적으로 칭찬의 말을 건네 보자.

훌륭해요.
Fantastic!

すばらしいですね。
스바라시-데스네

대단해요.
Great!

すごいですね。
스고이데스네

재미있네요.
What fun!

おもしろいですね。
오모시로이데스네

감동했습니다.
That's very moving.

感動しました。
칸도-시마시따

귀엽네요.
This is so cute!

かわいいですね。
카와이-데스네

맛있어요!
How delicious!

おいしいですね。
오이시-데스네

훌륭하네요.
That's brilliant!

立派(りっぱ)ですね。
립빠데스네

느낌 좋은데요.
You are on the right track.

いい感(かん)じですね。
이- 칸지데스네

잘 어울리네요.
Those look good together.

よく似合(にあ)ってますね。
요쿠 니앗떼마스네

멋쟁이네요.
You dress very well.

おしゃれですね。
오샤레데스네

잘 알고 계시네요.
You know a lot about that, don't you?

お詳(くわ)しいですね。
오쿠와시-데스네

Tip 부탁 · 허가 · 희망

부탁할 때는 공손한 말투로. 또한 상대방이 부탁을 들어주었을 때에는 반드시 ありがとうございました(고맙습니다)라는 감사 인사도 잊지 말자.

문을 닫아 주시겠습니까?

Would you please close the window?

ドアを 閉めて いただけますか。

도아오 시메떼 이타다케마스까

실례합니다. 좀 도와주실래요?

Excuse me. Could you help me, please?

すみません。手伝って いただけますか。

스미마셍 테츠닷떼 이타다케마스까

예약 부탁드립니다.

Reservation, please.

予約を おねがいします。

요야쿠오 오네가이시마스

자리를 바꿔 주시겠어요?

Could you please change the seat?

席を 変えて いただけますか。

세키오 카에떼 이타다케마스까

여기서 사진 찍어도 되나요?

May I take a picture here?

ここで 写真を 撮っても いいですか。

코꼬데 샤싱오 톳떼모 이-데스까

성함을 여쭤 봐도 될까요?

May I have your name, please?

お名前を うかがっても いいですか。

오나마에오 우카갓떼모 이-데스까

영수증 줄 수 있나요?

Can I have a receipt, please?

レシートを もらえますか。

레시-토오 모라에마스까

이거 가져도 돼요?

Can I have this?

これを もらっても いいですか。

코레오 모랏떼모 이-데스까

나리타 공항에 가고 싶은데요.

I'd like to go to the Narita Airport.

成田空港に 行きたいんですが。

나리타 쿠-코-니 이키따인데스가

에어컨이 딸려 있는 방을 원합니다.

I'd like a room with an air conditioner.

エアコンつきの 部屋に して もらいたいです。

에아콘츠키노 헤야니 시떼 모라이따이데스

커피보다 홍차가 좋아요.

I prefer tea to coffee.

コーヒーより 紅茶の ほうが いいです。

코-히-요리 코-챠노 호-가 이-데스

> **Tip** 승낙하기 · 거절하기
>
> 상대방이 부탁한 일에 대해 승낙하는 방법과 기분이 상하지 않게 거절하는 방법 등을 사용해 보자. 반대로 부탁을 하는 입장일 때도 일본인들의 우회적인 표현을 오해하지 않도록 주의하자.

예.
Yes.

はい[ええ]。
하이 [에-]

좋아요.
Sounds good.

いいですね。
이-데스네

아뇨, 괜찮습니다.
No, thanks.

いいえ、けっこうです。
이-에 켁코-데스

이걸로 충분해요.
That's enough.

もう 十分（じゅうぶん）です。
모- 쥬-분데스

싫어요.
No way. / Never.

イヤです。
이야데스

생생 여행 정보

일본 여행 시 유용한 증명서

우리나라와는 다른 여행 시스템을 가진 일본을 여행하려면 몇 개의 증명서가 추가로 필요하다. 다른 나라에서도 통용되는 것들이므로 알아두면 일본 이외의 나라를 여행할 때도 도움이 된다.

▶ 유스호스텔증

일본은 전국에 약 350개의 유스호스텔이 있다. 대부분 숙박비에 비해 편안한 시설과 서비스를 제공하기 때문에 이용하기에 편리하다. 발급 신청 서류는 회원 신청서, 여권사진 2장, 수수료(15,000~20,000원).
(한국 유스호스텔 중앙연맹 www.kyha.or.kr)

▶ 국제학생증

세계 여러 나라를 여행하면서 학생 할인혜택을 받을 수 있는 학생 신분 증명서. 영어로는 International Student Identity Card, 줄여서 ISIC라고 한다. 우리나라에서 발급받을 수 있는 국제학생증은 초록색(ISIC)과 빨간색(ISEC) 두 가지가 있다. 일본에서는 우리나라 학생증으로도 학생할인을 받을 수 있다. 대신 우리나라 학생증에 영어로 university나 大學生이라고 한자로 쓰여 있어야 현지에서 쓸 수 있다. 발급 신청 서류는 신청서, 재학증명서나 휴학증명서, 여권사진 1장, 수수료(14,000원).

▶ 국제운전면허증

대중교통 이용이 애매한 곳을 여행할 때 위력을 발휘하는 것이 렌터카. 그때 꼭 필요한 것이 바로 국제운전면허증이다.

▶ 여행자보험

가능하면 도난 시 보상 받을 수 있는 보상금의 범위를 크게 잡는 것이 유리하다.

알뜰 환전 노하우

환전은 은행이나 농협과 같은 금융기관에서 할 수 있다. 인터넷 환전 서비스도 가능한데 이를 이용하면 창구에서 환전하는 것보다 더 나은 혜택이 있다. 환전 절차는 간단하기 때문에 너무 일찍 할 필요는 없고 환율의 변동을 참고해서 환율 시기를 결정한다. 만 엔짜리와 소액권(5천 엔, 천 엔)을 섞어서 준비하는 게 좋다.

▶ 여행자 수표 이용의 장점

현금보다 여행자 수표로 환전하면 조금 유리한 환율을 적용받으며, 현지에서 여행자 수표를 다시 현금으로 바꿀 때 따로 수수료가 들지 않는다. 또, 분실 시 보호를 받을 수 있는 장점도 있기 때문에 여행 기간이 긴 경우에는 일부를 여행자 수표로 환전해 두는 것이 유리하다. 많은 금액을 환전하는 경우 여행자 수표를 이용하는 것도 좋은 방법.

▶ 환전클럽 가입

외환은행을 비롯한 대형 시중은행 홈페이지에 들어가면 환전클럽이 있는데, 이런 환전클럽에 가입하면 환전 수수료를 할인 받을 수 있다.

새롭게 바뀐 전자여권 발급

▶ 전자여권이란?

전자여권(E-passport, electronic passport)은 한정된 개인정보를 문서화된 형태로 증명하는 기존 방식과 달리 비접촉식 IC칩을 내장하여 바이오 인식 정보와 신원 정보를 저장한 여권을 통해 생체정보와 신원정보를 조회할 수 있는 여권을 말한다.

-바이오 인식 정보(Biometric data) 수록 범위: 얼굴, 지문(양손 검지) 등
-신원 정보(Personal data) 수록 범위: (기존 여권과 동일) 이름, 여권번호, 생년월일 등

*신용 정보, 범죄 기록, 혈액형 등 기존 여권에 수록되지 않았던 정보는 저장되지 않는다.

▶ 전자여권발급 시 구비서류 및 수수료

전자여권발급 구비서류: 여권용 사진 1장, 수수료, 주민등록증, 주민등록등본, 여권발급 신청서(외교통상부 해외안전여행 사이트에서 다운로드 http://www.0404.go.kr)
전자여권 발급수수료: 47,000원(유효기간 5년)
전자여권의 기간연장 재발급 시: 25,000원

▶ 전자여권 발급에 따른 소요기간

여권발급 법정처리기간은 10일이다. 다만 통상적으로 신원조사에 이상이 없을 경우 4, 5일이 소요되며 신청기관마다 다소 차이가 있다.

CHAPTER 2

기내에서

알기 쉬운 활용 표현

| Track 03 |

★ ~(을) 주세요

~(を) ください。 ~(오) 쿠다사이

> **예 오렌지주스 주세요.**
> オレンジジュースを ください。 오렌지쥬―스오 쿠다사이

커피	홍차	물
コーヒー	紅茶	水
코―히―	코―쨔	미즈
맥주	코카콜라	입국카드
ビール	コカコーラ	入国カード
비―루	코카코―라	뉴―코쿠 카―도

★ ~해도 될까요?

~(して/で)も いいですか。 ~(시떼/데)모 이―데스까

> **예 자리를 바꿔도 되나요?**
> 席を 替わっても いいですか。 세키오 카왓떼모 이―데스까

여기 앉아도	먹어도	지나가도
ここに 座っても	食べても	通っても
코꼬니 스왓떼모	타베떼모	토옷떼모
마셔도	의자를 젖혀도	이쪽 자리로 옮겨도
飲んでも	シートを 倒しても	こちらの 席に 移っても
논데모	시―토오 타오시떼모	코치라노 세키니 우츳떼모

> **Tip** 좌석 찾기
>
> 승무원에게 티켓을 보여주며 좌석을 물어보는 것이 가장 좋은 방법. 비행기가 이륙하면 좌석벨트 사인이 꺼지지만 갑작스런 난기류 등으로 비행기가 흔들릴 수 있기 때문에 가능하면 좌석벨트를 하고 있는 것이 좋다.

제 자리는 어디예요?

Where is my seat?

わたしの 席は どこですか。

와타시노 세키와 도꼬데스까

30F 좌석은 어디예요?

Where is my seat 30F?

３０Fの 席は どこですか。

산쥬-에후노 세키와 도꼬데스까

이쪽으로 오세요.

Please come this way.

こちらへ どうぞ。

코치라에 도-조

자리를 바꿔도 되나요?

Can I change my seat?

席を 替わっても いいですか。

세키오 카왓떼모 이-데스까

여기 앉아도 될까요?

Can I sit here?

ここに 座っても いいですか。

코꼬니 스왓떼모 이-데스까

이쪽 자리로 옮겨도 되나요?

Can I change to this seat?

こちらの 席に 移っても いいですか。

코치라노 세키니 우츳떼모 이-데스까

그러세요.

Go ahead.

どうぞ。

도-조

실례합니다. 여기는 제 자리인데요.

Excuse me, I'm afraid that this is my seat.

すみません。ここは わたしの 席ですが。

스미마셍 코꼬와 와타시노 세키데스가

여기는 추워요.

It's cold here.

ここは 寒いです。

코꼬와 사무이데스

수하물은 좌석 아래쪽에 놔 주세요.

Please put your belongings under your seat.

手荷物は 座席の 下に お置きください。

테니모츠와 자세키노 시타니 오오키 쿠다사이

좌석벨트를 착용해 주십시오.

Please fasten your seat belt.

シートベルトを お締めください。

시-토베루토오 오시메 쿠다사이

지나가도 될까요?

May I get passed?

通っても いいですか。

토옷떼모 이-데스까

(뒷사람에게) 의자를 좀 눕혀도 될까요?

May I recline my seat?

シートを 倒しても いいですか。

시-토오 타오시떼모 이-데스까

> **Tip** 기내음료 서비스
>
> 음료는 리필 무한정이지만 알코올류는 이코노미클래스에서는 유료인 경우가 많다. 비즈니스 클래스 이상부터는 무료. 승무원이 음료를 권하는 멘트와 자신이 마시고 싶은 음료의 예를 잘 보고 활용하자.

무엇을 드시겠습니까?

What would you like to drink?

お飲み物は 何が よろしいですか。

오노미모노와 나니가 요로시-데스까

뭐 좀 드시겠습니까?

Something to drink?

お飲み物は いかがですか。

오노미모노와 이카가데스까

어떤 게 있죠?

What kind of drinks do you have?

どんな 物が ありますか。

돈나 모노가 아리마스까

오렌지주스, 콜라, 맥주가 있습니다.
We have orange juice, coke, and beer.

オレンジジュース、コーラ、ビールが ございます。
오렌지쥬—스 코—라 비—루가 고자이마스

오렌지주스 주세요.
Orange juice, please.

オレンジジュースを ください。
오렌지쥬—스오 쿠다사이

커피 주세요.
May I have a coffee, please?

コーヒーを ください。
코—히—오 쿠다사이

커피크림과 설탕 필요하십니까?
Cream and sugar?

クリームと 砂糖は いりますか。
크리—무또 사토—와 이리마스까

설탕만 주세요.
Just sugar, please.

砂糖だけ おねがいします。
사토—다께 오네가이시마스

둘 다 주세요.
Both, please.

両方 おねがいします。
료—호— 오네가이시마스

설탕 두 개 주세요.

Two sugar, please.

砂糖を 2つ おねがいします。

사토-오 후타츠 오네가이시마스

홍차 주세요.

Tea, please.

紅茶を ください。

코-챠오 쿠다사이

코카콜라[펩시콜라] 주세요.

Coke[Pepsi], please.

コカコーラ[ペプシコーラ]を ください。

코카코-라 [펩시코-라] 오 쿠다사이

맥주 주세요.

Beer, please.

ビールを ください。

비-루오 쿠다사이

맥주 하나 더 주세요.

Another beer, please.

ビールを もうひとつ ください。

비-루오 모- 히토츠 쿠다사이

아뇨, 괜찮아요.

Nothing, thank you.

いや、けっこうです。

이야 켁코-데스

> **Tip** 기내 식사 서비스
>
> 항공사나 비행 구간에 따라 메뉴는 다르지만 어린이를 위한 기내식을 선택할 수도 있고, 종교상 혹은 건강상의 이유로 특별식을 원할 경우 탑승 24시간 전까지 요청하면 특별 기내식을 제공받을 수 있다.

쇠고기로 주세요.

Beef, please.

(牛)肉を ください。

(규-) 니쿠오 쿠다사이

스푼을[포크를] 떨어뜨렸어요.

I dropped my spoon[fork].

スプーン[フォーク]を 落としました。

스푼 [훠-쿠] 오 오토시마시따

스푼[포크] 새 걸로 주세요.

May I have new one please?

新しい スプーン[フォーク]を ください。

아타라시- 스푼 [훠-쿠] 오 쿠다사이

이것 좀 치워 주세요.

Please take this away.

これを さげて ください。

코레오 사게떼 쿠다사이

소금 부탁해요.

May I have salt, please.

塩を おねがいします。

시오오 오네가이시마스

> ✈ **Tip** 기타 서비스
>
> 추울 때는 담요를 받아 사용할 수 있다(두 개 정도까지). 내리기 전에 단정하게 개어 놓는 센스! 또, 엽서나 편지를 무료로 부쳐 주는 서비스도 있다. 한국에 있는, 혹은 일본에서 사귄 친구에게 편지나 엽서를 하늘 위에서 써 보는 것은 어떨까?

담요 부탁해요.
Blanket, please.
毛布を おねがいします。
모-후오 오네가이시마스

담요 한 장 더 주시겠어요?
May I have another blanket?
毛布を もう一枚 もらえますか。
모-후오 모-이치마이 모라에마스까

신문 보시겠습니까?
Would you like a news paper?
新聞は いかがですか。
심붕와 이카가데스까

한국어 신문 있나요?
Do you have a Korean paper?
韓国語の 新聞は ありますか。
캉코쿠고노 심붕와 아리마스까

한국어 신문 부탁해요.
A Korean paper, please.
韓国語の 新聞を おねがいします。
캉코쿠고노 심붕오 오네가이시마스

> **Tip** 기내 쇼핑
>
> 기내에서 면세품 판매 서비스를 하는데 대부분 술, 담배, 화장품, 볼펜, 넥타이, 초콜릿, 보석 등이다. 면세점에 들를 시간이 없었다면 한번 이용해 보자.

(팸플릿을 보여 주며) 상품번호 567번 두 개 주세요.
Could I have two No.567?

商品番号 567を 二つ ください。

쇼힝방고- 고로쿠나나오 후타츠 쿠다사이

원화는 사용할 수 있나요?
Can I pay by Korean Won?

韓国ウォンは 使えますか。

캉코쿠 웡와 츠카에마스까

신용카드는 쓸 수 있나요?
Do you accept credit card?

クレジットカードは 使えますか。

크레짓토카-도와 츠카에마스까

그것을 보여 주세요.
Could you show me that one, please?

それを 見せて ください。

소레오 미세떼 쿠다사이

죄송해요. 그건 제가 원했던 게 아니에요.
Sorry, that is not what I want.

すみません。それは わたしが ほしい 物とは 違いました。

스미마셍 소레와 와타시가 호시-모노또와 치가이마시따

> **Tip 몸이 불편할 때**
> 비행기 멀미를 하거나, 속이 안 좋거나 할 경우에는 승무원에게 약을
> 달라고 하거나 적당한 처치를 받도록 하는 것이 좋다.

속이 안 좋아요.

I feel sick.

気分が 悪いんです。

키붕가 와루인데스

비행기 멀미를 하는데요.

I feel airsick.

飛行機酔いして しまったのですが。

히코-키요이 시테 시맛타노데스가

멀미약 있나요?

Do you have a medicine for airsickness?

酔い止めの 薬は ありますか。

요이도메노 쿠스리와 아리마스까

멀미약 좀 줄래요?

Can I have some medicine for airsickness?

酔い止めの 薬を もらえますか。

요이도메노 쿠스리오 모라에마스까

멀미용 봉지 좀 줄래요?

Can I have an airsickness bag?

エチケット袋を もらえますか。

에치켓토 부쿠로오 모라에마스까

머리가 아파요.

I have a headache.

頭が 痛いんです。

아타마가 이따인데스

두통약 있어요?

Do you have medicine for headache?

頭痛薬は ありますか。

즈츠-야쿠와 아리마스까

이가 아파요.

I have an aching tooth.

歯が 痛いです。

하가 이따이데스

진통제 있어요?

Do you have a painkiller?

痛み止めは ありますか。

이타미도메와 아리마스까

약 좀 줄래요?

Can I have some medicine?

薬を もらえますか。

쿠스리오 모라에마스까

위장약 좀 줄래요?

Can I have some stomach medicine?

胃薬を もらえますか。

이구스리오 모라에마스까

> **Tip 입국신고서 작성하기**
>
> 기내에서 내리기 전에 입국신고서(입국카드)와 세관신고서를 작성해 두자(자세한 것은 p.88 참조). 한자나 영문으로 쓰면 되고 빈칸 없이 전부 기입해야 한다.

입국카드는 작성하셨습니까?

Did you fill out an immigration form?

入国カードは お書きに なりましたか。

뉴-코쿠 카-도와 오카키니 나리마시타까

이것이 입국카드입니까?

Is this the immigration form?

これが 入国カードですか。

코레가 뉴-코쿠 카-도데스까

입국카드 한 장 주세요.

Can I have an immigration form?

入国カードを 一枚 ください。

뉴-코쿠 카-도오 이치마이 쿠다사이

쓰는 방법을 가르쳐 주시겠어요?

Can you show me how to fill out this form?

書き方を 教えて くれませんか。

카키카타오 오시에떼 쿠레마셍까

펜을 빌려 주시겠어요?

Could you lend me a pen?

ペンを 貸して もらえますか。

펭오 카시떼 모라에마스까

영어로 써도 되나요?

Can I write it in English?

英語で 書いても いいですか。

에-고데 카이떼모 이-데스까

이렇게 쓰면 되나요?

Is it OK?

これで いいですか。

코레데 이-데스까

> **Tip** 기타 표현
>
> 기타 여러 가지 궁금한 사항을 물어볼 수 있는 표현이다. 비행기가 늦게 출발하거나 기류 사정 등으로 인해 연착하는 경우에는 불안해 하지 말고 물어보자.

지금 몇 시입니까?

What time is it now?

いま 何時ですか？

이마 난지데스까

현지 시간을 가르쳐 주세요.

What's the local time in Tokyo?

現地時間を 教えて ください。

겐치지캉오 오시에떼 쿠다사이

도쿄까지 몇 시간 걸립니까?

How many hours is it to Tokyo?

東京まで 何時間ですか。

토-쿄-마데 난지칸데스까

도착 시간은 언제예요?

What is the arrival time?

到着時間は いつですか。

토-챠쿠 지캉와 이츠데스까

몇 시에 도착해요?

What time do we arrive?

何時に 着きますか。

난지니 츠키마스까

제시간에 도착하나요?

Are we arriving on time?

時間どおりに 到着しますか。

지칸도오리니 토-챠쿠시마스까

현지 날씨는 어때요?

How's the weather there?

現地の 天気は どうですか。

겐치노 텡키와 도-데스까

한국어가 가능한 승무원을 불러 주세요.

Please call a Korean speaking flight attendant.

韓国語が できる 乗務員を 呼んで ください。

캉코쿠고가 데키루 죠-무잉오 욘데 쿠다사이

지금 방송에서 뭐라고 했어요?

What was the announcement now?

いま、アナウンスで 何と 言いましたか。

이마 아나운스데 난또 이-마시타까

WORDS_ 기내에서

기내음료/식사 서비스

마실 것
drink
飲み物
노미모노

콜라
coke
コーラ
코-라

쇠고기
beef
肉[ビーフ]
니쿠 [비-후]

오렌지 주스
orange juice
オレンジジュース
오렌지쥬-스

맥주
beer
ビール
비-루

닭고기
chicken
鶏[チキン]
토리 [치킨]

사과 주스
apple juice
アップルジュース
압푸루쥬-스

커피
coffee
コーヒー
코-히-

돼지고기
pork
豚[ポーク]
부타 [포-쿠]

홍차
tea
紅茶
코-챠

커피크림
cream
クリーム
크리-무

소금
salt
塩
시오

녹차
green tea
お茶
오챠

설탕
sugar
砂糖[シュガー]
사토- [슈가-]

물
water
お水
오미즈

84

🕶 기타 서비스

담요
blanket
毛布
모-후

한국어 신문
Korean paper
韓国語の新聞
캉코쿠고노 심붕

이어폰
earphone
イヤホン
이야혼

베개
pillow
まくら
마쿠라

잡지
magazine
雑誌
잣시

땅콩
peanuts
ピーナッツ
피-낫츠

신문
newspaper
新聞
심붕

생리용품
sanitary napkin
生理用品
[ナプキン]
세-리요-힝 [나프킹]

장난감
toy
おもちゃ
오모챠

🕶 기내쇼핑

원화
Korean Won
韓国ウォン
캉코쿠웡

향수
perfume
香水
코-스이

립스틱
lipstick
口紅
쿠치베니

신용카드
credit card
クレジットカード
크레짓토카-도

화장품
cosmetics
化粧品
케쇼-힝

담배
tobacco
たばこ
타바코

WORDS_ 기내에서

초콜릿
chocolate
チョコレート
쵸코레-토

위스키
whisky
ウイスキー
우이스카-

액세서리
accessory
アクセサリー
아쿠세사리-

👓 몸이 불편할 때

비행기 멀미
airsickness
飛行機酔い
히코-키요이

멀미용 봉지
airsickness bag
エチケット袋
에치켓토 부쿠로

위장약
stomach medicine
胃薬
이구스리

약
medicine
薬
쿠스리

두통약
medicine for headache
頭痛薬
즈츠-야쿠

체온계
thermometer
体温計
타이옹케-

멀미약
medicine for airsickness
酔い止めの薬
요이도메노 쿠스리

진통제
painkiller
痛み止め
이타미도메

구토증
nausea
吐き気
하키케

👓 기타 표현

현지 시간
local time
現地時間 (げんちじかん)
겐치지캉

도착 시간
arrival time
到着時間 (とうちゃくじかん)
토-차쿠지캉

(화장실) 사용 중
occupied
使用中 (しようちゅう)
시요-츄-

(화장실) 비어 있음
vacant
空室 (くうしつ)
쿠-시츠

통로 쪽 좌석
aisle seat
通路側の席 (つうろがわのせき)
츠-로가와노 세키

창가 쪽 좌석
window seat
窓側の席 (まどがわのせき)
마도가와노 세키

난기류
air turbulence
乱気流 (らんきりゅう)
란키류-

수하물선반
overhead compartment
荷物棚 (にもつだな)
니모츠다나

블라인드
blind
ブラインド
브라인도

산소 마스크
oxygen mask
酸素マスク (さんそ)
산소마스크

환승
transfer
乗り換え (のりかえ)
노리카에

통과
transit
通過 (つうか)
츠-카

구명조끼
life vest
救命胴衣 (きゅうめいどうい)
큐-메-도-이

긴급 버튼
emergency button
緊急ボタン (きんきゅう)
킨큐-보탕

물을 내리다
flush
水を流す (みずをながす)
미즈오나가스

생생 여행 정보

출입국카드 작성

새로 나온 일본출입국카드에는 영어와 한글이 병기되어 있어 편리하다. 두 장이 한조로 되어 있는데, 왼쪽의 출국카드는 일본에서 한국으로 돌아올 때 제출하고, 오른쪽의 입국카드는 한국에서 일본으로 들어갈 때 제출한다. 영어나 일본어로만 적을 수 있으며 적는 요령은 다음과 같다.

★ 왼쪽 (출국카드)
입국심사 시 심사원이 뜯어서 여권에 붙여 준다.

1. 氏名(이름) : 자신의 이름을 적는 난. 위쪽의 한자 성, 한자 이름에는 성과 이름을 각각 한자로, 아래쪽에 영문 성, 영문 이름이라고 적힌 곳에는 각각 영어로 여권과 동일하게 쓰면 된다.

   예) 氏 : 吳   名 : 賢淑
   Family Name : OH
   Given Name : HYUNSOOK

2. 国籍(국적) : Korea또는 韓国이라고 쓴다.
3. 生年月日(생년월일) : 88년 12월 25일생이라면 25/12/88이라고 쓰면 된다.
4. 航空機便名・船名(항공기편명・선명) : 자신이 타고 가는 비행기나 배의 이름을 적는다. 탑승수속 때 받은 표에 보면 이름이 나와 있다. 예를 들어 대한항공 777편이라면 KE 777, 아시아나 222편이라면 OZ 222라고 쓴다.
5. 署名(서명) : 본인 사인을 한다.

★ 오른쪽 (입국카드)
입국심사 통과를 결정하는 중요한 사항이므로 빠짐없이 기입하도록 한다.

1. 氏名(이름), 国籍(국적) : 왼쪽의 출국카드와 같은 방식으로 적는다.

2. 生年月日(생년월일) : 왼쪽의 출국카드와 같은 방식으로 적는다.
3. 男, 女(남, 여) : 성별을 표시하는 곳. 해당하는 곳에 동그라미나 ☑표시.
4. 現住所(현주소) : 서울에 거주하고 있다면 国名(나라이름)에 KOREA 또는 韓国, 都市名(도시이름)에는 SEOUL 또는 ソウル라고 적는다.
5. 職業(직업) : 아래 주요 직업을 참고로 해당하는 것을 적는다.

회사원	:	会社員 또는 COMPANY EMPLOYEE 또는 OFFICE CLERK
회사임원	:	会社役員 또는 EXECUTIVE OF BUSINESS FIRM
회사사장	:	会社社長 또는 PRESIDENT OF BUSINESS FIRM
국가공무원	:	国家公務員 또는 GOVERNMENT OFFICIAL
지방공무원	:	地方公務員 또는 LOCAL GOVERNMENT OFFICIAL
농업종사자	:	農業従事者 또는 FARMER
어업종사자	:	漁業従事者 또는 FISHERMAN
개인사업자	:	個人経営者 또는 PROPRIETOR
단체 임원	:	団体役員 또는 EXECUTIVE OF ASSOCIATION
단체 직원	:	団体職員 또는 STAFF MEMBER OF ASSOCIATION
의사	:	医師 또는 DOCTOR
간호사	:	看護師 또는 NURSE
변호사	:	弁護士 또는 LAWYER
기술자	:	技師 또는 ENGINEER
교사	:	教師 또는 TEACHER
보도관계자	:	報道関係者 또는 JOURNALIST
학생	:	学生 또는 STUDENT
초등학생 · 중학생	:	小学生 · 中学生 또는 PUPIL
주부	:	主婦 또는 HOUSEWIFE
무직	:	無職 또는 NONE

6. 旅券番号(여권번호) : 자신의 여권에 나와 있는 번호를 적는다.
7. 航空機便名・船名(항공기 편명・선명) : 왼쪽의 출국카드와 같음.
8. 渡航目的(도항목적) : 자신이 해당하는 곳에 ☑표 하면 된다.
9. 日本滞在予定期間(일본체재예정기간) : 5일 체류한다면 日(일) 난에 5라고 적는다.
10. 日本の連絡先(일본의 연락처) : 일본에 있는 동안 머물 곳의 주소와 전화번호를 적는다. 미리 자신이 묵을 호텔 홈페이지에서 주소를 확인하고 수첩 등에 적어 둔다. 만약 해당 주소지를 모르거나 정해져 있지 않더라도 자신이 가는 도시의 호텔 주소를 쓰면 된다.

비행기 이용법

★ 비행기에서 제공하는 서비스

기내 서비스에는 음료와 식사, 면세품 판매 외에 다양한 것들이 있다. 음료나 식사 서비스의 경우 항공사마다 약간 다르긴 하지만 일반석의 경우 맥주나 주스, 커피, 녹차 등의 음료와 샌드위치와 볶음밥 등의 식사가 제공된다. 그 외에 요청하는 사람에 한해 담요 등 필요한 물품이 무료로 제공되며, 초등학생 이하의 어린이를 동반한 경우라면 승무원에게 탑승 기념품을 달라고 하면 무료로 받을 수 있다. 주로 항공사 마크가 찍혀 있는 학용품이나 장난감이다.

★ 비행기 화장실 이용법

화장실은 맨 뒤나 중간의 기둥에 있다. 화장실 안에 사람이 있는지 알려면 화장실 문이나 화장실 쪽 천장 부분의 표시를 보면 된다. 화장실 안에서 문을 잠그면 문 바깥쪽 Occupied(사용 중)에 불이 들어온다. 비어 있을 때나 문을 잠그지 않았을 때는 Vacant(비어 있음)에 불이 들어온다. 문을 잠그지 않으면 낭패를 볼 수도. 화장실 안에는 1회용 칫솔, 면도기, 로션, 비누, 여성용 생리대 등이 비치되어 있다. 세면대를 사용한 뒤에는 뒷사람을 위해 반드시 손으로 눌러 물을 빼고 주변의 물기를 종이 타월로 깨끗이 닦아 놓는 것이 에티켓이다.

★ 전원 탑승이 끝나면 빈 좌석을 찾아...

만석의 경우 불가능하지만 옆자리가 빈 곳으로 옮겨 앉으면 몸을 움직이거나 옆으로 누워 휴식을 취할 수 있어 편리하다. 장거리 여행에 익숙한 사람에겐 이미 많이 알려진 방법이라 좌석을 차지하기가 쉽지 않다.

★ 통로좌석의 편리함

창가 좌석은 창밖을 볼 수 있어 좋은 반면 화장실 갈 때나 자리를 이동할 때 번번이 옆 사람에게 양해를 구해야 하는 번거로움이 있다. 화장실에 가거나 비행기에서 내릴 때를 생각하면 통로좌석이 여러모로 편하다.

★ 넓은 공간을 원한다면 비상구 쪽으로

비상구 쪽 좌석은 앞 쪽 좌석이 없기 때문에 상대적으로 넓다. 이코노미 클래스에서 제일 넓은 곳이므로 좌석을 배정받을 때 부탁해 보자.

CHAPTER 3

현지공항에서

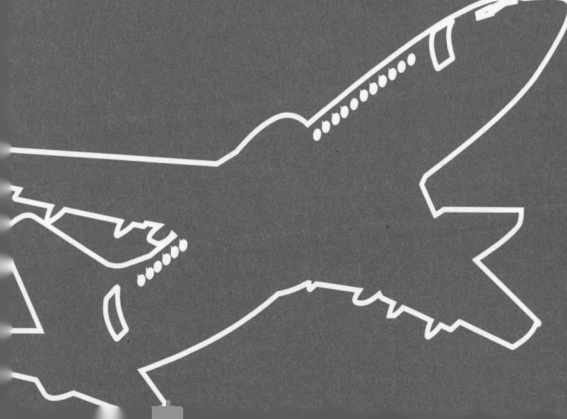

알기 쉬운 활용 표현

| Track 04 |

★ ~입니다.

~です。 ~데스

> **예 3일간입니다.**
> 3日間です。 믹카칸데스

4일간	6일간	1주일간
4日間	6日間	1週間
욕카칸	무이카칸	잇슈-칸

10일간	두 달간	관광
10日間	2ヵ月間	観光
토-카칸	니카게츠칸	캉코-

★ ~(해) 주세요.

~(して) ください。 ~(시떼) 쿠다사이

> **예 여권을 보여 주세요.**
> パスポートを 見せて ください。 파스포-토오 미세떼 쿠다사이

트렁크를 열어	이쪽으로 부쳐
スーツケースを 開けて	こちらに 送って
스-츠케-스오 아케떼	코치라니 오쿳떼

환전해	엔으로 환전해
両替して	円に 換えて
료-가에시떼	엔니 카에떼

입국심사

작성해 놓은 입국카드를 가지고 줄을 서자. 줄을 설 때는 내국인(일본인) 자리에 서지 말고 외국인 자리에 서서 차례를 기다린다. 이때 필요한 것은 입국카드와 여권, 항공권. 노란 선 밖에서 기다렸다가 앞 사람의 심사가 끝나면 심사대로 가서 입국카드, 여권, 항공권을 제시하고 몇 가지 질문에 답하면 된다.

여권을 보여 주세요.
May I see your passport?

パスポートを 見せて ください。
파스포-토오 미세떼 쿠다사이

네, 여기요.
Here you are.

はい、どうぞ。
하이 도-조

어디에서 왔습니까?
Where are you from?

どこから 来ましたか？
도꼬카라 키마시타까

한국에서 왔습니다.
I'm come from Korea.

韓国から 来ました。
캉코쿠카라 키마시따

일본은 처음입니다.
This is my first trip to Japan.

日本は 初めてです。
니홍와 하지메떼데스

입국목적은 무엇입니까?

What's the purpose of your visit?

入国目的は 何ですか。

뉴-코쿠 모쿠테키와 난데스까

방문목적은 무엇입니까?

What's the purpose of your visit?

訪問の 目的は 何ですか。

호-몽노 모쿠테키와 난데스까

여행 목적은 무엇입니까?

What's the purpose of your visit?

旅行の 目的は 何ですか。

료코-노 모쿠테키와 난데스까

관광입니다.

Sightseeing.

観光です。

캉코-데스

휴가차 왔습니다.

On vacation.

休暇です。

큐-카데스

일로 왔습니다.

Buisiness.

仕事です。

시고토데스

유학 왔습니다.

To study.

留学です。

류-가쿠데스

친구를 만나러 왔습니다.

Visiting my friend.

友人に 会います。

유-진니 아이마스

친척을 만나러 왔습니다.

Visiting my relatives.

親戚に 会います。

신세키니 아이마스

며칠 간 체재 예정입니까?

How long will you be staying in?

何日間滞在の 予定ですか。

난니치칸 타이자이노 요떼-데스까

며칠 간 머무를 겁니까?

How long will you be staying in?

何日間 泊まる 予定ですか。

난니치칸 토마루 요떼-데스까

5일간입니다.

5 days.

5日間です。

이츠카칸데스

한 달 정도입니다.

About 1 month.

1ヵ月くらいです。

익카게츠쿠라이데스

직업이 무엇입니까?

What is your occupation?

職業は 何ですか。

쇼쿠교-와 난데스까

학생입니다.

I'm a student.

学生です。

각세-데스

엔지니어입니다.

I'm an engineer.

エンジニアです。

엔지니아데스

회사원입니다.

I'm a office worker.

会社員です。

카이샤인데스

대학 교수입니다.

I'm a professor.

大学教授です。

다이가쿠 쿄-쥬데스

교사입니다.
I'm a teacher.
教員です。
쿄-인데스

농사짓습니다.
I'm farmer.
農家です。
노-카데스

주부입니다.
I'm a housewife.
主婦です。
슈후데스

공무원입니다.
I'm a public official.
公務員です。
코-무인데스

체재할 곳은 어디입니까?
Where are you going to stay in?
滞在先は どこですか。
타이자이사키와 도꼬데스까

어디에 머무를 것입니까?
Where are you staying?
どこに **泊**まりますか。
도꼬니 토마리마스까

어디서 체재할 예정입니까?

Where are you going to stay?

どこに 滞在する 予定ですか。

도꼬니 타이자이스루 요떼-데스까

어디서 머무를 예정입니까?

Where are you going to stay?

どこに 泊まる 予定ですか。

도꼬니 토마루 요떼-데스까

힐튼호텔입니다.

Hilton hotel.

ヒルトンホテルです。

히루톤 호테루데스

친구 집입니다.

At my friend's house.

友人の 家です。

유-진노 이에데스

친척 집입니다.

At my relatives' house.

親戚の 家です。

신세키노 이에데스

됐어요. 가셔도 됩니다.

Ok. You may go.

結構です。お通りください。

켁코-데스 오토오리 쿠다사이

Tip 짐찾기

비행기에서 내리면 짐 찾는 곳으로 이동. 타고 온 편명이 표시되어 있는 곳으로 가서 기다리면 짐이 나온다. 어디로 가야 할지 모를 때는 당황하지 말고 항공권을 보이거나 비행기 편명을 알려주며 직원에게 물어 보자. 다른 가방과 구별이 될 만한 표시를 해두면 좋다.

짐은 어디서 찾을 수 있나요?

Where can I pickup my baggage?

荷物は どこで 受け取れますか。

니모츠와 도꼬데 우케토레마스까

저쪽이에요.

Go ahead.

あっち[あちら]です。

앗치 [아치라] 데스

건너편이에요.

Over there.

向こうです。

무코-데스

위층[아래층]이에요.

Upstairs[Downstairs].

上[下]の 階です。

우에[시타]노 카이데스

대한항공 창구는 어디입니까?

Where is the Korean airline information desk?

コリアンエアーの 窓口は どこですか。

코리앙에아-노 마도구치와 도꼬데스까

> **Tip** 짐을 찾지 못했을 때
>
> 우선 짐이 나오는 곳에 자신이 타고 온 비행기의 편명이 표시되어 있는지, 다른 사람과 짐이 바뀌지 않았는지 확인한다. 끝내 짐이 보이지 않으면 항공권과 탑승 수속 때 받은 수하물 보관증을 가지고 자신이 타고 온 비행기 항공회사 창구로 간다.

실례합니다.

Excuse me.

すみません。

스미마셍

제 가방이 보이지 않는데요.

My suitcase is missing.

わたしの スーツケースが 見(み)つかりませんが。

와타시노 스-츠케-스가 미츠카리마셍가

이게 수하물보관증이에요.

This is my claim tag.

これが 引換証(ひきかえしょう)です。

코레가 히키카에쇼-데스

바로 알아봐 주실래요?

Will you check it right away?

すぐに 調(しら)べて もらえますか。

스구니 시라베떼 모라에마스까

(짐표를 보이면서) 확인해 주시겠어요?

Could you confirm about there?

確認(かくにん)して もらえますか。

카쿠닌시떼 모라에마스까

28일까지 이 호텔로 보내 주세요.

Please forward to this hotel until 28th.

２８日までに、この ホテルに 送って ください。

니쥬-하치니치마데니 코노 호테루니 오쿳떼 쿠다사이

안 되면 이쪽 주소로 보내 주세요.

If you can't that, please send in there to this address.

できなければ、こちらの 住所へ 送って ください。

데키나케레바 코치라노 쥬-쇼에 오쿳떼 쿠다사이

일용품을 사기 위한 비용을 요구합니다.

I expect you that paid enough money to cover commodities.

日用品を 買うための 費用を 要求します。

니치요-힝오 가우타메노 히요-오 요-큐-시마스

가방이 파손되었습니다.

My suitcase is damaged.

スーツケースが 壊れて います。

스-츠케-스가 코와레떼 이마스

가방을 찾는 대로 이 번호로 연락해 주시겠어요?

Would you call me at this number as soon as you find it?

バッグが 見つかり次第、この電話番号に 連絡して いただけますか。

박구가 미츠카리 시다이 코노 뎅와방고-니 렌라쿠시떼 이타다케마스까

여권을 보여 주세요.

May I see your passport?

パスポートを 見せて ください。

파스포-토오 미세떼 쿠다사이

> **Tip** 세관 검사
>
> 입국 심사대를 통과하고 짐을 찾으면 마지막 관문인 세관 검사대로 가게 된다. 이때 면세와 과세 중 해당하는 곳에 줄을 선다. 세관원의 지시대로 따르면 무사통과.

세관신고서를 보여 주십시오.

Customs declaration form, please.

税関申告書を 見せて ください。

제-칸싱코쿠쇼오 미세테 쿠다사이

신고할 것이 있습니까?

Do you have anything to declare?

申告するものは ありますか。

싱코쿠스루 모노와 아리마스까

없습니다.

Nothing to declare.

ありません。

아리마셍

네, 술이 5병 있습니다.

Yes. I have 5 bottles of liquor.

はい、お酒が 5本 あります。

하이 오사케가 고홍 아리마스

담배 두 보루와 술이 몇 병 있습니다.

I have two carton of cigarettes and some bottle of liquor.

タバコ 2カートンと お酒が 何本か あります。

타바코 츠-카-톤또 오사케가 남봉까 아리마스

담배는 가지고 있습니까?
Do you have any cigarettes?
タバコは 持って いますか。
타바코와 못떼 이마스까

아뇨, 안 가지고 있어요.
No, I don't.
いいえ、持って いません。
이-에 못떼 이마셍

트렁크에는 뭐가 들어 있습니까?
What's in your suitcase?
スーツケースには 何が 入って いますか。
스-츠 케-스니와 나니가 하잇떼 이마스까

개인적인 물품입니다.
Just my personal items.
身の回りの品だけです。
미노마와리노 시나다케데스

트렁크를 열어 주십시오.
Open your suitcase, please.
スーツケースを 開けて ください。
스-츠케-스오 아케떼 쿠다사이

이것은 무엇입니까?
What's this?
これは 何ですか。
코레와 난데스까

컵라면입니다.

It's cup noodle[pot noodle].

カップラーメンです。

캅푸라-멘데스

진통제입니다.

It's painkiller.

鎮痛剤です。

친츠-자이데스

김입니다.

It's dried seaweed.

海苔です。

노리데스

친구 선물입니다.

It's a gift for my friend.

友だちへの お土産です。

토모다치에노 오미야게데스

그건 얼마예요?

How much does it cost?

それは いくらですか。

소레와 이쿠라데스까

3000엔 정도입니다.

About three thousand yen.

3000円くらいです。

산젱엥 쿠라이데스

다른 짐이 있습니까?

Do you have any other baggage?

他に 荷物が ありますか。

호카니 니모츠가 아리마스까

아뇨, 이게 전부입니다.

No, that's all.

いいえ、これで 全部です。

이-에 코레데 젬부데스

이건 반입금지입니다.

This is prohibited.

これは 持ち込み 禁止です。

코레와 모치코미 킨시데스

몰수하는 수밖에 없습니다.

We have to confiscate it.

没収しなければ なりません。

봇슈-시나케레바 나리마셍

이것은 과세대상이 됩니다.

You'll have to pay duty on this.

これは 課税の 対象となります。

코레와 카제-노 타이쇼-또 나리마스

과세액은 얼마입니까?

How much is the duty on this?

課税額は いくらですか。

카제-가쿠와 이쿠라데스까

> ### ✈ Tip 환전
> 환전 수수료는 은행마다 차이가 있으니 꼼꼼히 비교해 보는 것이 좋다. 인터넷 환전 서비스를 이용하면 일반창구에서보다 더 나은 혜택을 받을 수 있다.

환전은 어디서 할 수 있습니까?
Where can I exchange money?

両替は どこで できますか。
료-가에와 도꼬데 데키마스까

환전소는 어디예요?
Where is the money exchange?

両替所は どこですか。
료-가에쇼와 도꼬데스까

환전해 주세요.
I'd like to have this money changed, please.

両替して ください。
료-가에 시떼 쿠다사이

현금인출기[ATM]는 있습니까?
Is there an ATM?

ATM [キャッシュ コーナー]は ありますか。
에-티-에무 [캇슈 코-나-] 와 아리마스까

환율은 얼마입니까?
What is the exchange rate?

為替レートは どれくらいですか。
카와세 레-토와 도레쿠라이데스까

어떻게 환전할 건가요?

How would you like bills?

どのように 両替しますか。

도노요-니 료-가에시마스까

수수료는 얼마입니까?

How much is the commission?

手数料は いくらですか。

테스-료-와 이쿠라데스까

한국 원을 일본 엔으로 환전할 때 환율은 얼마예요?

How much exchange rate Korean won to Japanese yen?

韓国ウォンの 日本円への 為替レートは いくらですか。

캉코쿠 원노 니홍엥에노 카와세 레-토와 이쿠라데스까

이것을 엔으로 환전해 주세요.

Could you exchange this into Japanese yen?

これを 円に 換えて ください。

코레오 엔니 카에떼 쿠다사이

이것을 10000엔 권 5장으로 해 주세요.

Can you exchange this into five ten thousand-yen bills?

これを 10000円札 5枚に して ください。

코레오 이치망엔사츠 고마이니 시떼 쿠다사이

10000엔짜리 지폐를 5장 부탁합니다.

I'd like five ten thousand-yen bills, please.

10000円 紙幣を 5枚 おねがいします。

이치망엔 시헤-오 고마이 오네가이시마스

10000엔 권을 5장, 나머지는 1000엔 권으로 부탁합니다.

I'd like five ten thousand-yen bills, and the rest in thousand-yen bills, please.

10000円札を 5枚、残りは 1000円札で おねがいします。

이치망엔사츠오 고마이 노코리와 셍엔사츠데 오네가이시마스

잔돈을 섞어 주실래요?

Can I have some small change?

小銭を 混ぜて もらえますか。

코제니오 마제떼 모라에마스까

여행자수표는 쓸 수 있나요?

Do you accept traveler's checks?

トラベラーズチェックは 使えますか。

토라베라-즈첵쿠와 츠카에마스까

이 여행자수표를 현금으로 바꿔 주세요.

Could you cash this traveler's check?

この トラベラーズチェックを 現金化して ください。

코노 토라베라-즈첵쿠오 겡킹카 시떼 쿠다사이

이 여행자수표를 현금으로 바꾸고 싶은데요.

I'd like to change this traveler's check into cash.

この トラベラーズチェックを 現金に 換えたいのですが。

코노 토라베라-즈첵쿠오 겡킹니 카에따이노데스가

영수증 주실 수 있나요?

May I have a receipt, please?

領収書を いただけますか。

료-슈-쇼오 이타다께마스까

> ✈ **Tip 공항에서 목적지로**
>
> 현지에 도착하기 전에 공항에서 호텔까지 어떤 방법으로 가는 것이 좋은지, 소요시간과 요금 등을 비교하며 알아보는 것이 좋다. 일본은 교통비, 특히 택시비가 비싸기 때문에 장거리 이동에 택시를 이용하는 것은 무리다.

버스정류장은 어디입니까?

Where is the bus stop?

バス停は どこですか。

바스테-와 도꼬데스까

저쪽입니다.

Over there.

あちらです。

아치라데스

시내중심가로 가는 버스는 어느 것입니까?

Which bus will go to downtown?

市内中心部に 行く バスは どれですか。

시나이 츄―심부니 이쿠 바스와 도레데스까

시내중심가까지 얼마입니까?

How much is it to downtown?

市内中心部まで いくらですか。

시나이 츄―심부마데 이쿠라데스까

시내까지 가는 전철이 있나요?

Is there any train goes to the city?

市内まで 行く 電車が ありますか。

시나이마데 이쿠 덴샤가 아리마스까

시내로 가는 공항버스는 있나요?
Is there a bus from the airport into the city?

市内に 行く 空港バスは ありますか。
시나이니 이쿠 쿠-코-바스와 아리마스까

예, 저쪽에서 이용하실 수 있습니다.
Yes. You can take it over there.

はい。あちらで ご利用 いただけます。
하이 아치라데 고리요- 이타다케마스

시간은 어느 정도 걸립니까?
How long does it take?

時間は どのくらい かかりますか。
지캉와 도노쿠라이 카까리마스까

표는 어디서 살 수 있나요?
Where can I buy a ticket?

切符は どこで 買えますか。
킵푸와 도꼬데 카에마스까

택시 타는 곳은 어디입니까?
Where can I get a taxi?

タクシー乗り場は どこですか。
탁시-노리바와 도꼬데스까

어디까지 가십니까?
Where to?

どちらまで?
도치라마데

아오야마호텔까지 부탁합니다.
To Aoyama Hotel, please.

アオヤマホテルへ おねがいします。
아오야마호테루에 오네가이시마스

짐을 트렁크에 실어 주실래요?
Could you put my luggages in the trunk?

荷物を トランクに 入れて もらえますか。
니모츠오 토랑쿠니 이레떼 모라에마스까

여기서 세워 주세요.
Stop here, please.

ここで 停めて ください。
코꼬데 토메떼 쿠다사이

렌터카 사무소는 어디입니까?
Where is the car rental office?

レンタカーの 事務所は どこですか。
렌타카-노 지무쇼와 도꼬데스까

안내카운터는 어디입니까?
Where is the information counter?

インフォメーションカウンターは どこですか。
임포메-숀 카운타-와 도꼬데스까

시내지도를 얻을 수 있을까요?
Can I have a city map?

市内地図を いただけますか。
시나이치즈오 이타다케마스까

WORDS_ 현지 공항에서

👁 입국심사

입국심사
immigration
入国審査
뉴-코쿠 신사

외국인
alien
外国人
가이코쿠징

일본어
Japanese
日本語
니홍고

여권
passport
パスポート
파스포-토

입국목적
purpose of visit
入国目的
뉴-코쿠 모쿠테키

직업
occupation
職業
쇼쿠교-

일
business
仕事
시고토

관광
sightseeing
観光
캉코-

유효
valid
有効
유-코-

무효
void
無効
무코-

학생
student
学生
각세-

엔지니어
engineer
エンジニア
엔지니아

회사원
office worker
会社員
카이샤잉

대학 교수
professor
大学教授
다이가쿠쿄-쥬

교사
teacher
教員
쿄-인

농가
farmer
のうか
農家
노-카

공무원
public official
こうむいん
公務員
코-무인

주부
housewife
しゅふ
主婦
슈후

체류 기간
the length of one's visit
たいりゅうきかん
滞留期間
타이류- 키캉

친척
relatives
しんせき
親戚
신세키

방문
relatives
ほうもん
訪問
호-몽

👓 세관 검사

세관
Customs
ぜいかん
税関
제-캉

검사
inspection
けんさ
検査
켄사

선물
gift[present]
おみやげ
오미야게

신고
declaration
しんこく
申告
싱코쿠

개인적인 물품
personal items [belongings]
みのまわりのしな
身の回りの品
미노마와리노시나

면세
tax free
めんぜい
免税
멘제-

세관신고서
declaration card
ぜいかんしんこくしょ
税関申告書
제-캉 싱코쿠쇼

개인 소지품
personal use
しぶつ
私物
시부츠

세금
tax
ぜいきん
税金
제-킹

생생 여행 정보

일본의 새로운 입국심사수속

★ 일본의 새로운 입국 심사

2007년 11월 20일부터 일본 입국 시 개인식별정보 제공이 의무화됐다. 새로운 입국심사 수속은 입국 신청 시에 지문 및 얼굴사진을 제공한 다음 입국심사관에 의해 심사를 받게 되며, 정보제공이 의무화된 외국인이 지문 및 얼굴사진 제공을 거부할 경우 입국이 허가되지 않고 국외퇴거를 명령받게 된다. 영주권자, 16세 미만인 자, 외교 또는 공용 재류자격이 인정되는 자, 국가 행정기관의 장이 초빙한 자를 제외한 거의 모든 외국인이 여기에 해당한다.

★ 일본의 새로운 입국 심사 수속 절차

① 입국심사관에게 여권, 출입국카드를 제출한다.
② 안내하는 대로 양쪽 집게손가락을 지문인식기 위에 올려놓는다.
③ 지문인식기 윗부분에 있는 카메라로 얼굴사진을 촬영한다.
④ 입국심사관에게 인터뷰를 받는다.
⑤ 입국심사관에게 여권 등을 받으면 입국심사가 끝난다.

통관

- ★ **면세범위** : 술 3병(1병당 760ml정도), 담배 20갑 등 20만 엔 이내의 물품.
- ★ **통관규제 품목** : 한방약(본인 복용용. 2개월 이상의 분량은 일본후생성의 허가 요).
- ★ **통관금지 품목** : 마약, 총포 및 탄알, 음란물(테이프, 잡지, CD 등) 및 가짜 상품 등 지적 재산권을 침해하는 물품.
- ★ 일화 100만 엔(수표 포함) 이상 소지하고 입국 시 세관에 신고 필요.

CHAPTER 4

호텔에서

알기 쉬운 활용 표현

| Track 05 |

★ ~(을) 부탁합니다.

~(を) おねがいします。 ~(오) 오네가이시마스

> **예) 예약을 부탁합니다.**
> 予約を おねがいします。 요야쿠오 오네가이시마스

방을	체크인을	체크아웃을
部屋を	チェックインを	チェックアウトを
헤야오	첵쿠잉오	첵쿠아우토오

룸서비스를	모닝콜을	영수증을
ルームサービスを	モーニングコールを	レシートを
루-무사-비스오	모-닝구코-루오	레시-토오

★ ~(해) 주세요.

~(して/で) ください。 ~(시떼/데) 쿠다사이

> **예) 7시 반에 모닝콜 해 주세요.**
> 7時半に モーニングコールを して ください。
> 시치지한니 모-닝구 코-루오 시떼 쿠다사이

갖다	단추를 달아	얼룩을 빼
持ってきて	ボタンをつけて	シミを取って
못떼키떼	보탕오 츠케떼	시미오 톳떼

방을 청소해	택시를 불러	방을 바꿔
部屋を掃除して	タクシーを呼んで	部屋を替えて
헤야오 소-지시떼	탁시-오 욘데	헤야오 카에떼

Tip 프런트에서

체크인과 체크아웃 전후로 시간이 남을 때는 큰 짐은 맡겨 놓고 볼일을 볼 수 있다. 주변에 구경할 만한 곳이나, 싸고 맛있어 보이는 식당이 있는지 살펴보는 것도 좋다. 또 호텔에 어떤 편의시설이 있는지 알아보고 적극 활용하도록 하자.

지금 체크인 할 수 있나요?
Can I check in now?

いま、チェックイン できますか。
이마 첵쿠인 데키마스까

몇 시에 체크인 할 수 있나요?
What time can I check in?

何時に チェックイン できますか。
난지니 첵쿠인 데키마스까

일찍 체크인 할 수 있나요?
Can I check in earlier?

早めに チェックイン できますか。
하야메니 첵쿠인 데키마스까

체크인은 몇 시까지입니까?
How late can I check in?

チェックインは 何時までですか。
첵쿠잉와 난지마데데스까

이 짐을 맡아 주시겠어요?
Would you keep my baggage?

この 荷物を 預かって いただけませんか。
코노 니모츠오 아즈캇떼 이타다케마셍까

 Tip 예약하기

> 호텔을 정할 때는 숙박료는 얼마인지 역에서 가까운지 시내에서 가까운지 등을 고려하여 결정하는 것이 좋다. 예약을 할 때는 예산과 희망조건을 미리 말하면 진행이 신속하게 이루어질 수 있다.

예약 부탁합니다.
I'd like to make a reservation.
予約を おねがいします。
요야쿠오 오네가이 시마스

5월 21일부터 3일간 묵고 싶은데요.
I'd like to stay 3 night from May 21th.
5月 21日から 三日間 泊まりたいんですが。
고가츠 니쥬―이치니치 카라 믹카캉 토마리 따인데스가

2월 5일부터 8일까지 방을 예약하고 싶은데요.
I'd like to reserve a room from February 5th to 8th.
2月 5日から 8日まで 部屋を 予約したいんですが。
니가츠 이츠카카라 요―카마데 헤야오 요야쿠 시따인데스가

하루에 얼마입니까?
How much is it per night?
1泊 いくらですか。
입파쿠 이쿠라데스까

예약 확인을 하고 싶은데요.
I'd like to confirm my reservation.
予約の 確認を したいんですが。
요야쿠노 카쿠닝오 시따인데스가

118

좀 더 싼 방은 없나요?

Do you have any less expensive rooms?

もっと 安い 部屋は ありませんか。

못또 야스이 헤야와 아리마셍까

그 방에는 욕조가 딸려 있나요?

Is there a bathtub in the room?

その 部屋には バスタブが 付いて いますか。

소노 헤야니와 바스타브가 츠이떼 이마스까

예약 가능합니까?

Could you reserve that room?

予約できますか。

요야쿠 데키마스까

2박 하겠습니다.

I'll stay for two nights.

2泊します。

니하쿠시마스

바다가 보이는 방을 부탁합니다.

I'd like a room with a view of the ocean, please.

海が 見える 部屋を おねがいします。

우미가 미에루 헤야오 오네가이시마스

조용한 방을 부탁합니다.

I'd like a quiet room, please.

静かな 部屋を おねがいします。

시즈카나 헤야오 오네가이시마스

 Tip 체크인 (예약을 못한 경우)

예약을 미리 하지 못한 경우는 직접 호텔에 가서 방이 있는지 물어보고, 가격과 조건 등을 꼼꼼히 따져보고 결정한다. 기왕이면 무료로 편의시설을 이용할 수 있는 곳이 좋다.

빈 방 있습니까?

Do you have a vacant room?

空いている 部屋は ありますか。

아이테이루 헤야와 아리마스까

싱글[트윈]룸 있어요?

Do you have a single[twin] room?

シングルルーム[ツインルーム]は ありますか。

싱그루루-무 [츠윈루-무] 와 아리마스까

다른 방을 보여 주시겠어요?

Could you show me another one?

他の 部屋を 見せて いただけますか。

호카노 헤야오 미세떼 이타다케마스까

이 방으로 하겠습니다.

I'll take the room.

この 部屋に します。

코노 헤야니 시마스

좀 더 깨끗한 방은 없습니까?

Do you have any more clean room?

もっと キレイな 部屋は ありませんか。

못또 키레-나 헤야와 아리마셍까

숙박카드를 기입해 주시겠습니까?

Would you fill out the registration card?

宿泊カードを ご記入いただけますか。

슈쿠하쿠 카-도오 고키뉴- 이타다케마스카

계산은 현금으로 하시겠습니까, 카드로 하시겠습니까?

How would you like to pay, cash or card?

お支払いは 現金 それとも カードに なさいますか。

오시하라이와 겡킹 소레토모 카-도니 나사이마스카

카드로 부탁합니다.

Card, please.

カードで おねがいします。

카-도데 오네가이시마스

이 신용카드는 쓸 수 있나요?

Do you accept this credit card?

この クレジットカードは 使えますか。

코노 크레짓토 카-도와 츠카에마스카

여행자수표는 쓸 수 있나요?

Do you accept traveler's checks?

トラベラーズチェックは 使えますか。

토라베라-즈첵쿠와 츠카에마스카

체크아웃은 몇 시입니까?

What is check-out time?

チェックアウトは 何時ですか。

첵쿠아우토와 난지데스카

 Tip **체크인 (예약을 한 경우)**

호텔에서 체크인할 때 중요한 것은 예약한 방을 정확히 배정받는 것이다. 혹시 예약 때 상세하게 지정하지 않았다 할지라도 체크인할 때 좋은 방을 달라고 부탁하면 의외로 싸고 좋은 방이 나올 수도 있다.

체크인을 부탁합니다.

Check in, please.

チェックイン おねがいします。

첵쿠잉 오네가이시마스

예약했는데요.

I have a reservation.

予約して いるのですが。

요야쿠시떼 이루노데스가

예약하셨습니까?

Do you have a reservation?

ご予約は なさいましたか。

고요야쿠와 나사이마시타까

네, 했습니다.

Yes, I do.

はい、しました。

하이 시마시따

여권을 보여 주시겠습니까?

May I see your passport?

パスポートを 見せて いただけますか。

파스포-토오 미세떼 이타다케마스까

체크아웃은 몇 시입니까?

What is check-out time?

チェックアウトは 何時ですか。

쳇쿠아우토와 난지데스까

숙박카드를 기입해 주십시오.

Please fill in this registration form.

宿泊カードを ご記入ください。

슈쿠하쿠 카-도오 고키뉴- 쿠다사이

이 예약표에 기입해 주십시오.

Please fill in this registration form.

この 予約表に ご記入ください。

코노 요야쿠효-니 고키뉴- 쿠다사이

손님 방은 725호입니다.

Your room is 725.

お客様の お部屋は 725号室です。

오캬쿠사마노 오헤야와 나나 니 고고-시츠데스

이것이 열쇠입니다.

Here is your room key.

こちらが お部屋の 鍵となります。

코치라가 오헤야노 카기또 나리마스

짐 좀 옮겨 주실래요?

Could you carry my baggage?

荷物を 運んで もらえますか。

니모츠오 하꼰데 모라에마스까

> Tip **외출할 때**
> 귀중품은 가지고 다니다가 불의의 사고를 당할 수 있으니 가능하면 호텔에 있는 금고에 맡겨두는 것이 좋다.

귀중품을 맡겨도 되나요?
Could you hold my valuables?

貴重品を 預かって もらえますか。
키쵸-힝오 아즈캇떼 모라에마스까

금고에 귀중품을 맡기고 싶은데요.
I want to put some things in a safe deposit box.

セーフティボックスに 貴重品を 預けたいんですが。
세-후티복쿠스니 키쵸-힝오 아즈케따인데스가

이 귀중품을 금고에 맡길 수 있나요?
Can I put these things in a safe deposit box?

セーフティボックスに この貴重品を 預けられますか。
세-후티복쿠스니 코노 키쵸-힝오 아즈케라레마스까

방 열쇠를 부탁합니다.
The key, please.

鍵を おねがいします。
카기오 오네가이시마스

방 번호는 102호입니다.
Room number 102.

部屋番号は、102です。
헤야방고-와 이치 마루 니 데스

Tip 룸서비스

룸서비스에 필요한 표현을 미리 알아두자. 호텔에서는 룸서비스 외에도 냉장고에 있는 드링크나 국제전화 등을 유료로 사용할 수 있다.

룸서비스를 부탁합니다. 여기는 625호실입니다.
Room service, please. This is room six-two-five.

ルームサービスを おねがいします。こちらは625号室です。
루-무사-비스오 오네가이시마스 코치라와 로쿠 니 고고-시츠데스

커피 두 잔에 설탕과 크림도 주세요.
Please bring me two cup of coffee with sugar and cream.

コーヒー 2つ、砂糖と ミルクも ください。
코-히- 후타츠 사토-또 미루쿠모 쿠다사이

무엇으로 하시겠습니까?
What would you like to have?

何に なさいますか。
나니니 나사이마스까

토스트, 삶은 계란, 오렌지주스를 부탁합니다.
I'd like toast, boiled egg, and orange juice.

トースト、ゆで卵、オレンジジュースを おねがいします。
토-스토 유데타마고 오렌지쥬-스오 오네가이시마스

스크램블드에그, 머핀, 커피를 부탁합니다.
I'd like scrambled egg, a muffin, and coffee.

スクランブルエッグ、マフィン、コーヒーを おねがいします。
스크람부르엑구 마휜 코-히-오 오네가이시마스

내일 아침 8시에 갖다 주세요.

Bring them at 8 O'clock tomorrow morning, please.

明日の朝 8時に 持ってきて ください。

아시타노 아사 하치지니 못떼키떼 쿠다사이

내일 아침 식사 주문을 해두고 싶은데요.

I'd like to order breakfast for tomorrow.

明日の 朝食を 注文して おきたいんですが。

아시타노 쵸-쇼쿠오 츄-몬시떼 오키따인데스가

(방 밖에서 호텔 종업원이) 룸서비스입니다.

Room service.

ルームサービスです。

루-무 사-비스데스

들어오세요.

Please come in.

どうぞ、入って ください。

도-조 하잇떼 쿠다사이

주문하신 커피입니다.

Here is your coffee.

ご注文の コーヒーで ございます。

고츄-몬노 코-히-데 고자이마스

테이블 위에 놔 주세요.

Put it on the table, please.

テーブルの 上に 置いて ください。

테-부르노 우에니 오이떼 쿠다사이

지금 계산하시겠습니까?

Do you pay it now?

この場で お支払いになりますか。

코노 바데 오시하라이니 나리마스까

숙박료에 달아 두세요.

Please, charge it to my room.

部屋代に つけておいて ください。

헤야다이니 츠케떼 오이떼 쿠다사이

> **Tip 모닝콜 서비스**
>
> 여행 중 늦잠을 자서 일정에 차질이 생기면 큰일이다. 안전하게 모닝콜 서비스를 신청하는 게 좋다(모닝콜 서비스는 무료). 체크인 할 때 호텔프런트에 미리 말해 두거나 내선으로 요청하면 된다.

7시 반에 모닝콜 해 주세요.

Could you give me a wake-up call at seven thirty.

7時半に モーニングコールを して ください。

시치지 한니 모-닝구 코-루오 시떼 쿠다사이

내일 7시에 모닝콜 해 주시겠습니까?

Could I get a wake-up call tomorrow at 7:00?

明日 7時に モーニングコールを いただけませんか。

아시타 시치지니 모-닝구 코-루오 이타다케마셍까

아침 8시에 모닝콜을 부탁하고 싶은데요.

I'd like to have a wake-up call at eight tomorrow.

明日の朝8時に モーニングコールを おねがいしたいんですが。

아시타노 아사 하치지니 모-닝구코-루오 오네가이시따인데스가

> **Tip** 세탁 서비스
>
> 세탁 서비스를 원할 때는 실내에 비치되어 있는 세탁 서비스용 봉투에 세탁물을 넣고 소정의 용지에 세탁물 이름과 개수, 세탁 방법이나 방 번호 등, 필요한 사항을 기입한 후, 방 안이나 밖에 놔두면 가지고 간다. 급하게 해야 할 경우에는 전화로 직접 부탁하는 게 좋다.

이거 세탁 맡기고 싶은데요.
I'd like this cleaned.

これを 洗濯して いただきたいんですが。
코레오 센타쿠시떼 이타다키따인데스가

이 와이셔츠를 다려 주었으면 좋겠는데요.
I'd like this Y-shirt pressed.

この Yシャツを アイロンがけして ほしいんですが。
코노 와이샤츠오 아이롱가케시떼 호시인데스가

와이셔츠의 얼룩을 빼 주세요.
I'd like to remove stains from my shirt.

ワイシャツの シミを 取って ください。
와이샤츠노 시미오 톳떼 쿠다사이

이 셔츠에 단추를 달아 주세요.
Could you sew a button on this shirt.

この シャツに ボタンを つけて ください。
코노 샤츠니 보탕오 츠케떼 쿠다사이

언제 됩니까?
When will it be ready?

いつ できあがりますか。
이츠 데키아가리마스까

> **Tip** 기타 서비스
>
> 룸서비스, 모닝콜 서비스, 세탁 서비스 외에도 호텔에서 지내다보면 여러 가지 부탁할 일이 많아지게 마련이다. 이런 경우에 호텔 프런트에 부탁하면 된다.

방을 청소해 주세요.
Make up my room, please.

部屋を 掃除して ください。

헤야오 소-지 시떼 쿠다사이

드라이기[면도기]를 갖다 줄래요?
Could you bring a hair dryer[razor], please?

ドライヤー[かみそり]を もってきて もらえますか。

도라이야- [카미소리] 오 못테키떼 모라에마스까

담요를 한 장 더 갖다 줄래요?
Could you bring an another blanket, please?

毛布を もう1枚 持ってきて もらえますか。

모-후오 모- 이치마이 못테키떼 모라에마스까

팩스를 보내고 싶은데요.
I'd like to send a fax.

ファックスを 送りたいんですが。

확쿠스오 오쿠리따인데스가

이 기계 사용법을 가르쳐 주세요.
Please show me how to use this machine.

この 機械の 使い方を 教えて ください。

코노 키카이노 츠카이카타오 오시에떼 쿠다사이

> **Tip 호텔에서의 돌발 상황**
>
> 방 번호를 잊어버렸거나 방 열쇠를 잃어버린 경우 프런트에 말해서 해결해야 한다. 방 열쇠를 잃어버리면 변상을 해야 하는 경우도 있다. 또한 문이 자동으로 잠겨 못 들어가는 일이 없도록 주의하자.

방 번호를 잊어버렸어요.

I forgot my room number.

ルームナンバーを 忘れて しまいました。

루-무 남바-오 와스레떼 시마이마시따

열쇠를 잃어버렸어요.

I lost my room key.

鍵を なくして しまいました。

카기오 나쿠시떼 시마이마시따

금고열쇠를 잃어버렸는데요.

I've lost the key to my safety deposit box.

セーフティボックスの鍵をなくしてしまったんですが。

세-후티복쿠스노 카기오 나쿠시떼 시맛딴데스가

방을 바꿔 주세요.

I'd like to change my room.

部屋を 替えて ください。

헤야오 카에떼 쿠다사이

이 방은 시끄러우니까 좀 더 조용한 방을 부탁합니다.

This room is noisy. I need more quiet room.

この 部屋は うるさいので、もっと 静かな 部屋を おねがいします。

코노 헤야와 우루사이노데 못또 시즈카나 헤야오 오네가이시마스방 열쇠가 고장 났어요.
My door lock is broken.

部屋の 鍵が 壊れて います。

헤야노 카기가 코와레떼 이마스

문이 안 잠겨요.
The door lock is broken.

ドアの 鍵が かかりません。

도아노 카기가 카까리마셍

문이 안 열립니다.
I can't open my door.

ドアが 開きません。

도아가 아키마셍

에어콘이 작동되지 않아요.
The air conditioner doesn't work.

エアコンが 動きません。

에아콩가 우고키마셍

뜨거운 물이 안 나와요.
The hot water isn't running.

お湯が でません。

오유가 데마셍

물이 새고 있어요.
The water is leaking.

水が 漏れて います。

미즈가 모레떼 이마스

물이 너무 뜨거워요.

The water is too hot.

お湯が 熱すぎます。

오유가 아츠스기마스

욕조가 넘쳤어요.

My bathtub overflowed.

風呂が あふれました。

후로가 아후레마시따

화장실 물이 안 내려가요.

The toilet won't flush.

トイレの 水が 流れません。

토이레노 미즈가 나가레마셍

화장실 물이 안 멈춰요.

The toilet won't stop running.

トイレの 水が 止まりません。

토이레노 미즈가 토마리마셍

화장실이 막힌 것 같아요.

The toilet seems blocked.

トイレが 詰まった みたいです。

토이레가 츠맛따 미따이데스

화장실이 넘쳤어요.

My toilet overflowed.

トイレが あふれました。

토이레가 아후레마시타

휴지가 없어요.

There is no more toilet paper.

トイレットペーパーが ありません。
토이렛토페-파-가 아리마셍

불이 안 켜져요.

The light doesn't work.

ライトが つきません。
라이토가 츠키마셍

가능한 한 빨리 고쳐 주세요.

Please fix it as soon as possible.

できるだけ 早く 直して ください。
데키루다케 하야쿠 나오시떼 쿠다사이

시트가 더럽습니다.

The sheets are dirty.

シーツが 汚れて います。
시-츠가 요고레떼 이마스

방이 아직 청소가 안 되었네요.

My room hasn't been cleaned yet.

部屋が まだ 掃除されて いません。
헤야가 마다 소-지 사레떼 이마셍

창문이 안 열려요.

The window can't open.

窓が 開きません。
마도가 아키마셍

옷걸이가 없어요.
There is no more hanger.

ハンガーが ありません。
항가-가 아리마셍

방에 수건이 없어요.
I can't find any towels in my room.

部屋に タオルが ありません。
헤야니 타오루가 아리마셍

방이 너무 추워요.
My room is too cold.

部屋が とても 寒いです。
헤야가 토테모 사무이데스

TV가 안 켜져요.
The TV doesn't work.

テレビが つきません。
테레비가 츠키마셍

돈을 넣었는데 기계가 작동하지 않습니다.
I put some coins, but this machine doesn't work.

お金を 入れたのに 機械が 動きません。
오카네오 이레따노니 키카이가 우고키마셍

방에 카메라를 두고 왔어요.
I think I left my camera in my room.

部屋に カメラを 忘れて しまいました。
헤야니 카메라오 와스레떼 시마이마시따

> **Tip** 체크아웃
>
> 이용하지 않은 비용이 청구되지 않았는지 청구서에 적힌 내용을 꼼꼼히 살펴보아야 한다. 이런 사고를 미연에 방지하기 위해서는 자신이 유료로 사용한 서비스 내용과 날짜, 시간 등을 메모해 두는 것이 좋다. 영수증 등도 꼭 보관해 두어 증거자료로 사용해야 한다.

체크아웃은 몇 시입니까?
What is the check out time?

チェックアウトは 何時ですか。

첵쿠아우토와 난지데스까

체크아웃 해 주세요.
I'd like to check out, please.

チェックアウトを おねがいします。

첵쿠아우토오 오네가이시마스

계산서 부탁합니다.
Bill, please.

請求書を おねがいします。

세-큐-쇼오 오네가이시마스

이 청구는 뭐예요?
What's this for?

この 請求は 何ですか。

코노 세-큐-와 난데스까

미니바는 이용하셨습니까?
Did you use the mini-bar?

ミニバーは ご利用になりましたか。

미니바-와 고리요-니 나리마시타까

미니바는 쓰지 않았어요.
I took nothing from the mini-bar.
ミニバーは 使って いません。
미니바-와 츠캇떼 이마셍

콜라 한 병과 오렌지주스를 두 병 마셨습니다.
I had a coke and two orange juice.
コーラを 1本と オレンジジュースを 2本飲みました。
코-라오 입뽄또 오렌지쥬-스오 니혼 노미마시따

여기 손님의 계산서입니다.
Here is your bill.
こちらが お客様の 勘定書になります。
코치라가 오카쿠사마노 칸죠-쇼니 나리마스

전화는 쓰지 않았어요.
I didn't make any call.
電話は かけて いません。
뎅와와 카케떼 이마셍

계산서가 잘못된 것 같은데요.
I'm afraid there's a mistake in the bill.
請求書が 間違って いるようですが。
세-큐-쇼가 마치갓떼 이루 요-데스가

저는 맥주는 마시지 않았습니다.
I didn't drink any beer.
わたしは ビールは 飲んで いません。
와타시와 비-루와 논데 이마셍

신용카드로 계산할 수 있나요?

Can I pay by credit card?

クレジットカードで 支払えますか。

크레짓토카―도데 시하라에마스까

여행자수표로 계산할 수 있나요?

Can I pay by traveler's check?

トラベラーズチェックで 支払えますか。

토라베라―즈첵쿠데 시하라에마스까

신용카드는 쓸 수 있나요?

Do you accept credit card?

クレジットカードは 使えますか。

크레짓토카―도와 츠카에마스까

(회사 제출용) 영수증을 부탁합니다.

Receipt, please.

領収書 ください。

료―슈―쇼 쿠다사이

6시까지 짐을 맡아 주시겠어요?

Could you hold my baggage until 6?

6時まで 荷物を 預かって もらえますか。

로쿠지마데 니모츠오 아즈캇떼 모라에마스까

이틀 더 묵고 싶은데요.

I'd like to stay two more nights.

もう 二日 長く 滞在したいんですが。

모― 후츠카 나가쿠 타이자이 시따인데스가

WORDS_ 호텔에서

👓 체크인 / 체크아웃

프런트
front desk

フロント
프론토

접수
reception

受付
우케츠케

예약
reservation

予約
요야쿠

취소
cancel

キャンセル
캰세루

싱글 룸
single room

シングルルーム
싱구루 루-무

더블 룸
double room

ダブルルーム
다부루 루-무

트윈 룸
twin room

ツインルーム
츠인 루-무

빈 방
vacancy

空室
쿠-시츠

예약금
deposit

前金[預かり金]
마에킹 [아즈카리킹]

숙박카드
registration card

宿泊カード
슈쿠하쿠 카-도

미니바
mini-bar

ミニバー
미니바-

객실료
room charge

室料
시츠료-

합계
total (amount)

合計
고-케-

서비스 요금
service charge

サービス料
사-비스료-

영수증
receipt

レシート
레시-토

👓 룸서비스

얼음
ice
氷
코―리

병따개
bottle opener
栓抜き
센누키

전표
bill
伝票
뎀표―

1층
first floor
1階
익카이

2층
second floor
2階
니카이

면도기
razor
かみそり
카미소리

화장실
toilet
トイレ
토이레

시트
sheet
シーツ
시―츠

옷걸이
hanger
ハンガー
항가―

휴지
toilet paper
トイレット
ペーパー
토이렛토페―파―

수건
towel
タオル
타오루

드라이기
hair dryer
ドライヤー
도라이야―

콘센트
outlet
コンセント
콘센토

수도꼭지
faucet
蛇口
자구치

생수
mineral water
ミネラル
ウォーター
미네라루워―타―

생생 여행 정보

숙박료와 서비스 요금

숙박료, 식음료 및 기타 서비스 요금 등의 개별 총액이 15,000엔을 넘지 않을 경우는 5%의 세금이 가산되지만, 15,000엔이 넘으면 10%의 세금이 가산된다. 고급 호텔에서는 팁 대신 10-15%의 서비스 요금이 계산서에 추가된다. 일본식 전통 여관에서는 개별 담당 서비스가 있기 때문에 보통 10-20%의 봉사료가 가산된다.

숙박 시설

★ 서양식 호텔

특징: 쾌적한 숙박환경, 통역, 쇼핑센터, 헬스클럽 등 추가 서비스를 받을 수도 있다. 서양식 레스토랑과 고급 일본 레스토랑이 내부에 갖춰진 경우가 많으며, 이그제큐티브 라운지 서비스를 제공하고 있는 곳도 있다. 조금 비싸기는 하지만 컴퓨터나 팩스를 이용하는 등의 비서 업무 서비스를 제공받을 수 있다.

요금: 도쿄의 경우, 욕실이 딸린 싱글 룸은 15,000-30,000엔, 욕실이 딸린 더블 룸은 25,000-45,000엔 정도. 1인 1박의 숙박요금 전액에 대해 소비세가 5-10% 가산된다.

일본호텔협회(Japan Hotel Association)
http://www.j-hotel.or.jp (영어 · 일본어)

★ 비즈니스 호텔

특징: 대도시나 중소도시에 위치. 고급 호텔에 비해 약간 객실이 좁고, 최소한의 필요한 시설만을 갖추고 있다. 청결하고 쾌적한 시설. 주로 역 근처의 교통이 편리한 위치에 있다. 대부분이 싱글룸이지만 간혹 트윈룸이나 더블룸이 있는 경우도 있다.

요금: 1인 1박의 경우 5,000-10,000엔 정도.

★ 료칸 (旅館)

특징: 우아한 옛 귀족의 기분을 느낄 수 있는 전통 숙소. 나카이라는 서비스 담당자가 식사를 방으로 갖다 주며 식사 후 이부자리도 준비해 준다.

요금: 보통은 두 끼의 식사가 딸린 1인 1박의 경우 12,000~20,000엔 정도이며 세금과 서비스요금은 별도 청구된다. 저렴한 료칸을 이용하려면 The Japanese Inn Group 에 소속된 료칸을 이용하면 된다. 객실 요금은 식사가 딸리지 않은 1인 1박의 경우 5,000엔 정도다.

★ 민슈꾸 (=민박)

특징: 일본판 게스트 홈이라고 불리는 가족경영 형식으로 경영자가 자기 집의 일부를 빌려주는 것이다. 고급 리조트 지역이나 휴양지에 있으며 전문 숙박시설과 비교하면 이용시설이나 서비스 등은 많지 않다.

요금: 두 끼의 식사가 딸린 가족용 객실의 경우 약 6,500엔 정도이다.

★ 펜션

특징: 산악지대의 스키장이나 스포츠를 즐기기 위한 사람들이 즐겨 찾는 지역에 있다. 보통, 가족적인 분위기의 민슈쿠(민박)와 각종의 편리한 설비를 갖춘 호텔의 중간쯤의 숙박시설이라고 볼 수 있다.

요금: 식사가 포함되지 않은 1박의 경우 8,000엔, 두 끼의 식사가 포함된 경우는 10,000엔 정도.

★ 유스호스텔

특징: 여러 명이 함께 자는 기숙사 형식의 스타일로 깨끗하고 저렴하다. 유스호스텔은 반드시 사전예약을 해야 한다(늦어도 하루 전까지). 유스호스텔의 체크인 시간은 대개 15:00~20:00 사이이며 빈방이 있음을 확인하고 짐을 맡긴 채 외출하였더라도 오후 8시까지는 돌아와야 방을 잡을 수 있다. 유스호스텔의 단점은 체크인/체크아웃(보통 10:00이전)은 물론, 취침시간이나 기상시간이 정해져 있어 불편하다는 것이다. 또한 원칙적으로 한 곳에 3일 이상 머물 수 없다. 유스호스텔에는 취사 시설이 갖추어진 곳도 있고 유스호스텔 측에서 직접 식사를 제공하는 경우도 있으므로 사전에 취사 가능 여부를 확인해 두는 것이 좋다.

요금: 하루에 2,500~4,000엔 정도. (http://www.jyh.or.jp/kr)

★ 유스 게스트 하우스

특징: 대부분이 1, 2인실로 방마다 편의시설이 갖추어져 있다.
요금: 하루에 보통 4,000~6,000엔 정도.

★ 한인 민박

특징: 한 방에서 여러 명이 같이 자는 형식이며 대부분의 민박에는 취사시설이 갖추어져 있다. 저렴하고 우리말이 통한다는 장점이 있다.
요금: 하루에 보통 2,500~3,500엔 정도.

★ 게스트 하우스

특징: 외국인 배낭족이 주 고객이며 시설은 여러 명이 함께 자는 기숙사 스타일의 객실에 공동으로 사용하는 욕실, 화장실이 있다.
요금: 하루에 보통 1,800~3,000엔 정도.

★ 캡슐호텔

특징: 한사람이 들어가서 눕거나 앉을 수 있는 공간의 기다란 캡슐이 놓여 있고 그 안에 들어가서 잠을 잔다. 캡슐호텔은 대부분 사우나를 겸하고 있어 숙박비를 내면 사우나를 무료로 사용할 수 있다.(캡슐호텔정보 관련사이트: www4.ocn.ne.jp./~koshigoe/capsule)
요금: 하루에 3,000~4,000엔 정도.

★ 위클리 맨션(Weekly Mansion)

특징: 취사가 가능하며 잠을 잘 수 있는 콘도형 호텔이다. 1인실부터 다인실까지 다양하게 이용할 수 있으며, 야마노테선 역을 중심으로 체인화가 되어 있다. 기본 시설 외에 기타 생활용품은 지급하지 않는 단점이 있으나, 일본에 장기 체류하게 되는 경우 편리하게 이용할 수 있다.
요금: 7,000~10,000엔 정도.

CHAPTER
5
식사

알기 쉬운 활용 표현

| Track 06 |

★ ~(을) 주세요.

~(を) ください。 ~(오) 쿠다사이

> **예 이것을 주세요.**
> これを ください。 코레오 쿠다사이

이것과 이것을	치즈버거 하나	맥주 두 병
これとこれを	チーズバーガーひとつ	ビール2本
코레또 코레오	치-즈바-가 히토츠	비-루 니홍

물 한 잔	아이스커피	저것과 같은 것을
水を一杯	アイスコーヒー	あれと同じ物を
미즈오 입빠이	아이스코-히-	아레또 오나지모노오

★ ~있나요?

~は ありますか。 ~와 아리마스까

> **예 이 근처에 레스토랑 있습니까?**
> この 近くに レストランは ありますか。
> 코노 치카쿠니 레스토랑와 아리마스까

중국집	좋은 레스토랑	자리
中華レストラン	いいレストラン	席
츄-카 레스토랑	이- 레스토랑	세키

한국어로 된 메뉴	좋은 와인	김치
韓国語のメニュー	いいワイン	キムチ
캉코쿠고노 메뉴-	이- 와잉	키무치

> Tip
>
> 알뜰하게 여행을 즐기려는 여행자들에게는 식사 해결이 큰 문제다. 즐거운 여행을 위해 아나바(穴場:잘 알려져 있지 않지만 싸고 맛있는 곳, 말하자면 숨겨진 보물창고)를 찾아보는 것은 어떨까. 인터넷 여행 후기나 호텔 관계자를 통해 싸고 맛있는 곳을 알아보는 것도 한 방법.

좋은 레스토랑 있습니까?

Is there any nice restaurant?

いい レストランは ありますか。

이- 레스토랑와 아리마스까

이 부근에 중국집 있나요?

Is there a Chinese restaurant around here?

この へんに 中華レストランは ありませんか。

코노 헨니 츄-카 레스토랑와 아리마셍까

레스토랑이 많은 곳은 어느 쪽입니까?

Where is the main area for restaurants?

レストランが 多いのは どのへんですか。

레스토랑가 오-이노와 도노헨데스까

추천할 만한 레스토랑은 어디인가요?

Which restaurant do you recommend?

どちらの レストランが おすすめですか。

도치라노 레스토랑가 오스스메데스까

가격은 적당한가요?

Is the price reasonable there?

値段は 手頃ですか。

네당와 테고로데스까

Tip 예약하기

인기 있는 음식점이나 레스토랑 등은 미리 예약을 해야 하는 경우가 많다. 모처럼 갔는데 자리가 없어서 헛걸음하는 일이 없도록 미리 예약을 해두자.

예약 가능한가요?
Can I make a reservation?
予約できますか。
요야쿠 데키마스까

오늘밤 예약하고 싶은데요.
I'd like a reservation for tonight.
今夜の 予約を したいんですが。
콩야노 요야쿠오 시따인데스가

내일 밤 8시에 두 사람 예약하고 싶은데요.
I'd like to reserve a table for two at 8 tomorrow evening.
明日の晩 8時に 2人 予約したいんですが。
아시타노 방 하치지니 후타리 요야쿠시따인데스가

몇 시면 예약 가능한가요?
Can I make a reservation?
何時なら 予約できますか。
난지나라 요야쿠 데키마스까

지금 영업 중인가요?
Are you open now?
お店は 開いてますか。
오미세와 아이떼마스까

> **식당에 들어가서**
>
> 예약을 해 두었으면 이름을 말하고 종업원이 안내하는 자리에 가서 앉으면 되고, 만약 예약을 하지 않았으면 몇 명인지 말하고 종업원이 안내하는 자리에 가서 앉는다. 원하는 자리가 있다면 종업원에게 앉아도 되는지 물어보고 그 자리로 가는 것이 좋다.

몇 분이십니까?

How many?

何人様ですか。

난닌사마 데스까

8시에 예약되어 있습니다.

We have a reservation at 8.

8時に 予約して あります。

하치지니 요야쿠시떼 아리마스

두 사람인데요, 자리 있나요?

Do you have a table for two?

2人ですが、席は ありますか。

후타리데스가 세키와 아리마스까

얼마나 기다려야 하나요?

How long do we have to wait?

どのくらい 待てば いいですか。

도노쿠라이 마떼바 이-데스까

창가 쪽 테이블로 해 주실래요?

Can I take a table by the window?

窓際の テーブルに して もらえますか。

마도기와노 테-부루니 시떼 모라에마스까

Tip 주문하기

메뉴를 보면 너무 많은 종류의 음식이 빼곡하게 적혀 있어 무엇을 주문할지 당황할 때가 있다. 이럴 때는 주위를 살펴보고 다른 사람들이 많이 먹고 있는 것을 주문하면 실패할 확률이 적다. 정식이나 세트 메뉴, 그날의 스페셜 메뉴를 주문하는 것도 안전한 방법이다.

메뉴를 보여 주세요.
May I see the menu?

メニューを 見せて ください。
메뉴-오 미세떼 쿠다사이

메뉴를 부탁해요.
Menu, please.

メニューを おねがいします。
메뉴-오 오네가이시마스

미안합니다. 예약 취소하고 싶은데요.
I'm sorry, but I want to cancel my reservation.

すみません。予約を 取り消したいんですが。
스미마셍 요야쿠오 토리케시따인데스가

한국어로 된 메뉴 있나요?
Can I have a Korean menu?

韓国語の メニューは ありますか。
캉코쿠고노 메뉴-와 아리마스까

결정하셨습니까?
Can I take your order?

お決まりですか。
오키마리데스까

주문하시겠습니까?

Ready for order?

ご注文 なさいますか。

고츄–몬 나사이마스까

잠시만 기다려 주십시오.

Just a moment, please.

少し 待って ください。

스코시 맛떼 쿠다사이

조금 있다 주문하겠습니다.

We'll wait a few minutes before ordering.

もう 少ししてから 注文します。

모– 스코시 시테카라 츄–몽시마스

맛있는 생선 요리를 추천해 주세요.

Can you recommend a good seafood dish?

おいしい シーフードの メニューを 教えて ください。

오이시– 사–후–도노 메뉴–오 오시에떼 쿠다사이

추천 요리는 무엇입니까?

What do you recommend?

おすすめは なんですか。

오스스메와 난데스까

오늘의 스페셜 요리는 무엇입니까?

What's today's special?

今日の スペシャルは なんですか。

쿄–노 스페샤루와 난데스까

주문 부탁드려요.

I'd like to order, please.

注文 おねがいします。

츄-몽 오네가이시마스

이것은 어떤 요리입니까?

What kind of dish is this?

これは どんな 料理ですか。

코레와 돈나 료-리데스까

저것과 같은 것을 주세요.

May I have the same as that one?

あれと 同じ 物を ください。

아레또 오나지 모노오 쿠다사이

이것을 주세요.

I'll have this.

これを ください。

코레오 쿠다사이

(메뉴를 보며) 이것과 이것을 주세요.

This one and this one, please.

これと これを ください。

코레또 코레오 쿠다사이

주문을 바꿔도 되나요?

Can I change my order?

注文を 変えても いいですか。

츄-몽오 카에떼모 이-데스까

이 고장 요리를 먹고 싶은데요.

I'd like to have some local food.

地元の 料理を 食べたいんですが。

지모토노 료-리오 타베따인데스가

이 집에서 가장 자신 있는 요리는 무엇입니까?

What is the speciality of the house?

ここの 自慢料理は 何ですか。

코꼬노 지만료-리와 난데스까

그걸로 주세요. (추천해 준 음식을 부탁할 때)

I'll have it.

それを ください。

소레오 쿠다사이

음료는 무엇으로 하시겠습니까?

Anything to drink?

お飲み物は?

오노미모노와

물 주세요.

Just water, please.

水を ください。

미즈오 쿠다사이

맥주 두 병 주세요.

Two beers, please.

ビール 2本 おねがいします。

비-루 니홍 오네가이시마스

5
식
사

> **Tip** 여러 가지 요구사항
>
> 식사를 하다보면 여러 가지 필요한 것이 생긴다. 이때 큰 소리로 종업원을 부르는 것은 금물. 가능하면 종업원과 눈을 마주쳐서 오게 하거나 すみません(저기요) 하고 부르면 된다.

커피 리필 부탁해도 될까요?

May I have another cup of coffee?

コーヒーの お代わりを いただけますか。

코-히-노 오카와리오 이타다케마스까

빵을 조금 더 주세요.

Can I have some more bread?

パンを もう 少し ください。

팡오 모- 스코시 쿠다사이

포크[나이프]를 떨어뜨렸습니다.

I dropped my fork[knife].

フォーク[ナイフ]を 落として しまいました。

휘-크[나이후]오 오토시떼 시마이마시따

새 포크[나이프]를 주시겠어요?

Can I have a new fork [knife]?

新しい フォーク[ナイフ]を もらえますか。

아타라시- 휘-크[나이후]오 모라에마스까

개인 접시 좀 주시겠어요?

Can I have a small plate?

取り皿を もらえますか。

토리자라오 모라에마스까

네, 바로 가지고 오겠습니다.
Yes. Coming right up.

はい。ただいま お持ちします。
하이 타다이마 오모치시마스

이것 좀 치워 주실래요?
Could you take this away?

これを 下げて もらえますか。
코레오 사게떼 모라에마스까

물 한 잔 주시겠습니까?
One Water, please.

水を 一杯 いただけますか。
미즈오 입빠이 이타다케마스까

담배 피워도 되나요?
May I smoke?

タバコを 吸っても いいですか。
타바코오 슷테모 이-데스까

재떨이 좀 주실래요?
Excuse me. Ashtray, please.

灰皿を いただけますか。
하이자라오 이타다케마스까

(남은 건) 싸 가지고 가고 싶은데요.
I'd like to take this out.

お持ち帰りに したいんですが。
오모치카에리니 시따인데스가

(남은 건) 싸 가지고 갈 수 있나요?

Can I have a doggy bag?

持ち帰り できますか。

모치카에리 데키마스까

남은 것을 싸 주시겠어요?

Could you wrap this up for me?

残り物を 包んで もらえますか。

노코리모노오 츠츤데 모라에마스까

(남은 음식을 싸 가지고 갈) 포장용 봉투를 얻을 수 있을까요?

Excuse me. Can I have a doggy bag?

持ち帰り袋を いただけますか。

모치카에리부쿠로오 이타다케마스까

몇 시에 문을 닫나요?

What time do you close?

何時閉店ですか。

난지 헤-텐데스까

화장실은 어디입니까?

Where is the restroom?

トイレは どこですか。

토이레와 도꼬데스까

지배인과 이야기하고 싶은데요.

I'd like to speak to your manager, please.

マネージャーと 話したいんですが。

마네-쟈-또 하나시따인데스가

> **Tip** 식당에서의 여러 가지 상황
>
> 식사를 하다보면 아무리 기다려도 음식이 나오지 않는다든지, 주문한 음식과 다른 것이 나오는 등 여러 가지 상황이 발생할 수 있다. 이런 경우에는 침착하게 대처하면 된다.

맥주가 좀 미지근합니다.
The beer is kind of warm.

ビールが ちょっと ぬるいです。
비-루가 춋또 누루이데스

벌레가 들어가 있어요.
There is a bug in this.

虫が 入って います。
무시가 하잇떼 이마스

이건 주문 안 했는데요.
I didn't order this.

これは 頼んで いません。
코레와 타논데 이마셍

주문한 요리가 아직 안 나왔어요.
My order hasn't come yet.

注文した 料理が まだ きません。
츄-몬시타 료-리가 마다 키마셍

벌써 30분 정도 전에 시켰는데요.
I ordered it thirty minutes ago.

もう 30分ほど 前に 頼んだんですが。
모- 산쥽뽕호도 마에니 타논단데스가

> **Tip** 계산하기
>
> 계산할 때는 전표에 적혀 있는 내용에 맞게 계산되어 있는지 꼼꼼하게 살펴보자. 일본은 일반 음식점에서도 소비세 5%가 붙기 때문에 적혀 있는 가격보다 5%가 가산된다. 그리고 고급음식점이나 호텔에서는 각각 그에 맞는 서비스료가 부가되는 것도 미리 알아 두자.

전표를 주세요.

Check, please.

伝票を ください。

뎀표-오 쿠다사이

계산해 주세요.

My bill, please.

お勘定を おねがいします。

오칸죠-오 오네가이시마스

계산은 어디서 하나요?

Where should I pay?

支払いは どちらですか。

시하라이와 도치라데스까

명세서를 보여 주세요.

Can I see the check?

明細を 見せて ください。

메-사이오 미세떼 쿠다사이

제가 내겠습니다.

It's my treat.

わたしが おごります。

와타시가 오고리마스

계산은 각자 따로 해 주세요.

Give us separate bills, please.

勘定を 別々に して ください。

칸죠-오 베츠베츠니 시떼 쿠다사이

이건 무슨 요금입니까?

What's this amount for?

これは 何の 料金ですか。

코레와 난노 료-킨데스까

서비스 요금은 포함되어 있나요?

Is service charge included?

サービス料金は 含まれて いますか。

사-비스 료-킹와 후쿠마레떼 이마스까

계산이 틀린 것 같습니다.

I'm afraid the bill is not correct.

勘定が 間違って いるようです。

칸죠-가 마치갓떼 이루 요-데스

제가 내야 될 건 얼마예요?

How much is mine?

わたしの 分は いくらですか。

와타시노 붕와 이쿠라데스까

신용카드로 계산하겠습니다.

I pay by credit card.

クレジットカードで 払います。

크레짓토 카-도데 하라이마스

> **Tip** 레스토랑에서
>
> 레스토랑은 주문이 복잡하다. 스테이크(ステーキ)는 어느 정도로 익힐지, 파스타는 어떤 것으로 할지, 샐러드 드레싱과 디저트는 무엇으로 할지 등등 자세하게 묻기 때문에 미리 준비해 두는 것이 좋다.

스테이크는 어느 정도 구워 드릴까요?

How would you like your steak?

ステーキの 焼き加減は どうなさいますか。

스테-키노 야키카겡와 도-나사이마스까

미디엄으로 해 주세요.

Medium, please.

ミディアムで おねがいします。

미디아무데 오네가이시마스

살짝 익혀 주세요.

Rare, please.

レアで おねがいします。

레아데 오네가이시마스

충분히 익혀 주세요.

Well-done, please.

ウエルダンで おねがいします。

우에루단데 오네가이시마스

생선 요리는 어느 것입니까?

Which one is it the fish?

魚料理は どれですか。

사카나료-리와 도레데스까

좋은 와인 있나요?

Could you recommend some good wine?

何か いい ワインは ありますか。

나니까 이– 와잉와 아리마스까

커피는 나오나요?

Is coffee included?

コーヒーは 付いて いますか。

코–히–와 츠이떼 이마스까

레드 와인 한 병 주세요.

May I have a bottle of red wine?

赤ワインを 1本 ください。

아카와잉오 입뽕 쿠다사이

카르보나라로 하겠습니다.

I'll have carbonara.

カルボナーラに します。

카르보나–라니 시마스

디저트는 무엇으로 하시겠습니까?

What do you have for dessert?

デザートは 何に なさいますか。

데자–토와 나니니 나사이마스까

치즈케이크를 부탁합니다.

I'll have a cheesecake.

チーズケーキを おねがいします。

차–즈케–키오 오네가이시마스

커피와 홍차 중에서 무엇으로 하시겠습니까?

Which would you like coffee or tea?

コーヒーと 紅茶と どちらに なさいますか。

코-히-또 코-챠또 도치라니 나사이마스까

다른 것은요?

Anything else?

ほかに なにか いかがですか。

호카니 나니까 이카가데스까

커피 리필 되나요?

Could I have more coffee, please?

コーヒーの おかわり できますか。

코-히-노 오카와리 데키마스까

이상입니다.

That's all.

以上です。

이죠-데스

음식은 어떻습니까?

How is your food?

料理は いかがですか。

료-리와 이카가데스까

맛있어요.

It's delicious.

おいしいです。

오이시-데스

160

> **패스트푸드점에서**
>
> 패스트푸드점은 우리나라에도 많이 알려져 있는 곳들이 많아 부담 없이 이용할 수 있다. 그리고 메뉴도 비슷하기 때문에 메뉴 이름이나 사이즈 정도만 알고 있어도 주문할 수 있다.

어서 오세요. 주문하시겠습니까?

May I help you? What would you like?

いらっしゃいませ。ご注文を どうぞ。

이랏샤이마세 고츄-몽오 도-조

치즈버거 하나 주세요.

One cheeseburger, please.

チーズバーガー ひとつ ください。

치-즈바-가- 히토츠 쿠다사이

B세트 주세요.

B combo, please.

Bセット ください。

비-셋토 쿠다사이

(메뉴를 보며) 이것과 이것을 주세요.

This one and this one, please.

これと これを ください。

코레또 코레오 쿠다사이

여기서 드실 거예요? 아니면 가지고 가실 거예요?

For here or to go?

こちらでお召し上がりですか、それともお持ち帰りですか。

코치라데 오메시아가리데스까 소레토모 오모치카에리데스까

여기서 먹겠습니다.

For here, please.

ここで 食べます。

코꼬데 타베마스

가지고 가겠습니다.

To go, please.

持ち帰ります。

모치카에리마스

더블버거 포장해 주세요.

One double burger to go, please.

ダブルバーガーを お持ち帰りで おねがいします。

다부르바-가-오 오모치카에리데 오네가이시마스

햄버거만 하실 건가요? 아니면 콤보로 하실 건가요?

Just one burger or a combo?

単品ですか。それとも コンボに しますか。

탐핀데스까 소레토모 콤보니 시마스까

콤보로 부탁해요.

Combo, please.

コンボで おねがいします。

콤보데 오네가이시마스

음료는 무엇으로 하시겠습니까?

What would you like to drink?

お飲み物は 何に なさいますか。

오노미모노와 나니니 나사이마스까

콜라로 부탁해요.

Coke, please.

コーラを おねがいします。

코-라오 오네가이시마스

다른 주문은 없으십니까?

Anything else?

他に ご注文は ございませんか。
ほか　　ちゅうもん

호카니 고츄-몽와 고자이마셍까

그 외에 다른 것은요?

Anything else?

他には 何か ありますか。
ほか　　なに

호카니와 나니카 아리마스까

이거면 됩니다. 고마워요.

That's all. Thank you.

これで 結構です。 ありがとう。
けっこう

코레데 켁코-데스 아리가또-

이상입니다.

That's it.

以上です。
いじょう

이죠-데스

빨대는 어디 있나요?

Where are the straws?

ストローは どこですか。

스토로-와 도꼬데스까

>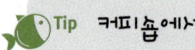
>
> 커피숍도 우리나라와 대체로 비슷하지만 용어에서 약간 차이가 있으니 미리 알아 두자. 커피를 주문하면 뜨거운 커피인지 아이스커피인지를 물어보는데, 뜨거운 커피를 ホット(홋토)라고 한다.

아이스커피를 부탁합니다.

Ice coffee, please.

アイスコーヒーを おねがいします。

아이스코-하-오 오네가이시마스

설탕과 밀크는 필요합니까?

Do you need sugar and milk?

お砂糖と ミルクは 必要ですか。

오사토-또 미루쿠와 히츠요-데스까

시럽은 넣습니까?

Did you put syrup in?

シロップは 入れますか。

시롭푸와 이레마스까

커피 리필 되나요?

Could I have more coffee, please?

コーヒーの おかわり できますか。

코-하-노 오카와리 데키마스까

콜라 대신 커피로 할 수 있을까요?

Could I have coffee instead of coke?

コーラの 代わりに コーヒーに したいんですが。

코-라노 카와리니 코-하-니 시따인데스가

> **Tip** 술집에서
>
> 술집의 종류는 워낙 다양하지만 가볍게 마실 수 있는 대중적인 술집인 이자카야(居酒屋)나 비어가든(ビアガーデン) 등은 이미 우리나라에도 많이 진출해 있기 때문에 친숙하다. 특히 도쿄의 번화가에는 한국어로 메뉴가 적혀 있는 곳도 많이 있다.

생맥주 주세요.

Could I have draft beer?

生ビールを ください。

나마비-루오 쿠다사이

맥주가 별로 차갑지 않습니다.

The beer isn't very cold.

ビールが あまり 冷えて いません。

비-루가 아마리 히에떼 이마셍

무슨 맥주가 있습니까?

What kind of beers do you have?

ビールは 何が ありますか。

비-루와 나니가 아리마스까

안주는 무엇으로 하겠습니까?

What will you take for appetizer?

おつまみは 何に しますか。

오츠마미와 나니니 시마스까

꼬치구이 주세요.

Could I have kusiyaki?

串焼を ください。

쿠시야키오 쿠다사이

알코올이 들어가지 않은 것 있습니까?

Is there something non-alcoholic?

アルコールが 入って いないのは ありませんか。

아루코-루가 하잇떼 이나이노와 아리마셍까

한 병 더 주세요.

Could I have another bottle?

もう 一本 おかわり ください。

모- 입뽕 오카와리 쿠다사이

 초밥집에서

비싼 생선회를 대신할 수 있는 초밥집, 일본의 초밥집들은 대부분 주문을 받고 나서 생선을 자르기 때문에 그만큼 신선하고 맛도 있다. 맛있는 생선초밥을 맛보고 싶다면 회전초밥집보다는 일반 초밥집을 추천한다.

물수건 주세요.

A small damp tower, please.

おしぼり ください。

오시보리 쿠다사이

오늘의 추천 초밥은 무엇입니까?

What's today's sushi?

今日の おすすめの 寿司は 何ですか。

쿄-노 오스스메노 스시와 난데스까

이 스시는 무엇입니까?

What kind of sushi is this?

この 寿司は 何ですか。

코노 스시와 난데스까

녹차 주세요.
Could I have a green tea, please?

お茶を もらえますか。

오차오 모라에마스까

녹차는 셀프서비스입니다.
Tea is self-service.

お茶は セルフサービスです。

오차와 세루후 사-비스데스

와사비는 빼 주세요.
One without wasabi, please.

わさび 抜きで おねがいします。

와사비 누키데 오네가이시마스

새우 초밥 주세요.
Shrimp sushi, please.

海老 ください。

에비 쿠다사이

광어 초밥 부탁합니다.
Halibut sushi, please.

ヒラメ おねがいします。

히라메 오네가이시마스

포장도 됩니까?
Do you also offer take out?

持ち帰りも できますか。

모치카에리모 데키마스까

WORDS_ 식사

👄 음식점 / 패스트푸드점에서

스페셜 요리
today's special

スペシャル
스페샤루

해산물
seafood

シーフード
시-후-도

스테이크
steak

ステーキ
스테-키

요리
meal

料理
료-리

고기[육류]
meat

肉
니쿠

오믈렛
omelette

オムレツ
오므레츠

전채요리
appetizer

前菜
젠사이

쇠고기
beef

牛肉
규-니쿠

베이컨
bacon

ベーコン
베-콘

디저트
dessert

デザート
데자-토

닭고기
chicken

鶏肉
토리니쿠

달걀 프라이
fried egg

目玉焼き
메다마야키

물수건
small damp tower

おしぼり
오시보리

돼지고기
pork

豚肉
부타니쿠

스크램블드에그
scrambled eggs

スクランブル
エッグ
스크람부르엑구

한국어	영어	일본어	발음
살짝 익힌 것	rare	レア	레아
미디엄	medium	ミディアム	미디아무
익히지 않은	raw	生の	나마노
삶은	boiled	ゆでた	유데따
튀긴	fried	揚げた	아게따
조미한	seasoned	味付けを した	아지츠케오 시따
찐	steamed	蒸した	무시따
드레싱	dressing	ドレッシング	도렛싱구
버터	butter	バター	바타-
마실 것	drink[beverage]	飲み物	노미모노
레드 와인	red wine	赤ワイン	아카와인
밀크티	tea with milk	ミルクティー	미루쿠티-
더블버거	double burger	ダブルバーガー	다부르바-가-
콤보	combo	コンボ	콤보
감자튀김	(french) fries	フライドポテト	후라이도포테토
밀크쉐이크	milk shake	ミルクセーキ	미루쿠 세-키
빨대	straw	ストロー	스토로-
테이크아웃	take-out	持ち帰り	모치카에리

WORDS_ 식사

채소 / 과일 / 곡류 / 양념

야채
vegetable

野菜
야사이

오이
cucumber

きゅうり
큐―리

시금치
spinach

ほうれん草
호―렌소―

죽순
bamboo shoot

たけのこ
타케노코

가지
eggplant

なす
나스

호박 (서양 호박)
zucchini

ズッキーニ
즉카―니

양배추
cabbage

キャベツ
캬베츠

양상추
lettuce

レタス
레타스

파슬리
parsley

パセリ
파세리

당근
carrot

にんじん
닌징

버섯
mushroom

きのこ
키노코

감자
potato

じゃがいも
자가이모

셀러리
celery

セロリ
세로리

양파
onion

たまねぎ
타마네기

무
radish

大根
다이콩

170

고추
red pepper
唐辛子
토—가라시

배
pear
梨
나시

감
persimmon
柿
카키

수박
watermelon
すいか
스이카

파인애플
pineapple
パイナップル
파이납푸루

자두
plum
プラム
푸라무

호두
walnut
くるみ
쿠루미

밤
chestnut
栗
쿠리

사과
apple
りんご
링고

딸기
strawberry
いちご
이치고

쌀
rice
米
코메

콩
bean
豆
마메

조미료
seasoning
調味料
쵸—미료—

소금
salt
塩
시오

후추
pepper
コショウ
코쇼—

기름
oil
油
아부라

식초
vinegar
酢
스

설탕
sugar
砂糖
사토—

생생 여행 정보

여행의 기쁨을 더해주는 에키벤

에키벤(駅弁:えきべん)은 역에서 파는 도시락을 말한다. 일본 사람들은 여행을 굉장히 좋아하는데, 미지의 세계를 구경하는 즐거움도 있지만 이 에키벤을 먹는 재미도 빼놓을 수 없다. 각 역마다 그 지역의 특산물을 이용한 다양한 종류의 에키벤을 판매하기 때문에 이것을 먹기 위해 여행하는 사람도 있을 정도다.

우동의 종류

면류를 좋아하는 사람은 면발이 쫄깃쫄깃한 일본 우동을 한번 먹어 보는 것도 좋을 것 같다. 일본우동은 종류가 다양한데 재료에 따라 이름이 다르다.

- **기쓰네 우동** (きつねうどん) : 유부가 들어 있는 것.
- **다누키 우동** (たぬきうどん) : 실제로는 튀김알갱이가 들어 있는 것.
- **산사이 우동** (さんさいうどん) : 고사리를 포함한 여러 가지 산나물, 즉 산사이(山菜)를 얹은 것.
- **쓰키미 우동** (つきみうどん) : 우동 위에 날계란을 풀어 놓은 것.
- **뎀뿌라 우동** (てんぷらうどん) : 새우튀김이 들어 있는 것.
- **야키 우동** (やきうどん) : 삶은 우동을 국물에 넣지 않고 갖은 야채와 고기 또는 해산물을 넣어 볶아 소스를 얹은 것.

라면의 종류

라면은 원래 중국음식인데 지금은 일본의 외식문화에서 빼놓을 수 없는 매우 인기 있는 식품이다. 맛있다고 소문난 집에는 줄선 사람들의 끝이 안 보일 정도다. 우리나라는 인스턴트 라면이 주를 이루지만 일본인들은 직접 면을 뽑고 육수를 만들어 먹는 생라면을 더 많이 먹는다. 라면 육수는 주로 닭 뼈를

많이 이용하지만 큐슈 쪽은 돼지 등뼈인 돈코츠(どんこつ)를 푹 끓여 국물을 만든다.

1. 육수에 따라

- **미소 라멘** (みそラーメン: 된장 라면)
- **쇼유 라멘** (しょうゆラーメン: 간장 라면)
- **시오 라멘** (しおラーメン: 소금 라면)

2. 고명에 따라

- **챠슈멘** (チャーシュメン: 돼지편육 라면)
- **와카메 라멘** (わかめラーメン: 미역 라면)
- **스테미나 라멘** (ステミナラーメン: 챠슈와 군만두를 넣은 라면)
- **모야시 라멘** (もやしラーメン: 숙주 라면)
- **우나기 라멘** (うなぎラーメン: 장어 라면)
- **멘타이코 라멘** (明太子ラーメン: 명란젓 라면)
- **네기 라멘** (ネギラーメン: 파 라면)

3. 지역에 따라

- **하카타(博多) 돈코츠 라멘**: 돼지 등뼈로 국물 맛을 낸 라면.
- **삿포로(札幌) 미소 라멘**: 삿포로 특유의 약간 짜고 매운 맛이 나는 라면으로, 일본식 된장 국물에 잘게 썬 야채를 얹어 마무리한 라면.
- **기타카타(喜多方) 라멘**: 쫄깃한 굵은 면발에 간장, 돼지 뼈, 해산물, 야채 등을 넣어 만든 스프가 깊으면서도 산뜻한 맛이 특징.
- **요코하마(横浜) 라멘**: 맑은 간장 국물에 가는 면발이 특징이지만 요즘은 돈코츠 간장 국물에 짧고 굵은 면발 위주로 변해 가고 있는 추세다. 그릇 가장자리에 김을 세 장 가지런히 장식한 것이 특징.
- **아사히카와(旭川) 라멘**: 돼지 뼈를 기본으로 닭 뼈, 야채 등을 푹 고아 만든 국물과 물기가 없는 면발이 특징.
- **하코다테(函館) 라멘**: 소금으로 간한 맑은 국물의 담백한 맛이 특징.
- **구마모토(熊本) 라멘**: 돼지 뼈 국물에 강판에 간 마늘을 듬뿍 넣고, 양념으로도 튀긴 마늘을 사용한다.

초밥

초밥을 먹을 때는 젓가락으로 먹어도 되고 손을 깨끗이 닦은 후 손으로 먹어도 된다. 이때 간장은 밥에 묻히지 말고 생선에 묻혀 먹도록 하자. 저며 놓은 생강은 입 안에 남아 있는 맛을 없애 주는 역할을 한다고. 녹차와 생강은 마음껏 먹어도 된다. 그럼, 주문할 때를 위해 메뉴판에 있는 해산물들을 알아두자.

- **あじ(아지)** : 전갱이
- **アワビ(아와비)** : 전복
- **イカ(이카)** : 오징어
- **イクラ(이쿠라)** : 연어알
- **いわし(이와시)** : 정어리
- **うなぎ(우나기)** : 장어
- **うに(우니)** : 성게
- **えび(에비)** : 새우
- **カキ(카키)** : 굴
- **かつお(카츠오)** : 가다랭이
- **かに(카니)** : 게
- **キャビア(캬비아)** : 캐비어
- **げそ(게소)** : 초밥 재료로 쓰는 오징어 다리
- **サケ(사케)** : 연어
- **さば(사바)** : 고등어
- **すずき(스즈키)** : 농어
- **たい(타이)** : 돔
- **たこ(타코)** : 문어
- **とろ(토로)** : 참치 배 부분의 살
- **にしん(니싱)** : 청어
- **はまぐり(하마구리)** : 대합
- **ハマチ(하마치)** : 방어 새끼
- **帆立貝(호타테가이)** : 가리비
- **ます(마스)** : 송어
- **まぐろ(마구로)** : 참치
- **ロブスター(로부스타ー)** : 바닷가재

CHAPTER 6

교통

알기 쉬운 활용 표현

| ○ Track 07 |

★ ~(은) 어디예요?

~(は) どこですか。 ~(와) 도꼬데스까

> **예 버스 정류장은 어디입니까?**
>
> バス停は どこですか。 바스테-와 도꼬데스까

가장 가까운 역은 **最寄りの駅は** 모요리노 에키와	주유소는 **ガソリンスタンドは** 가소린스탄도와	미츠코시 백화점은 **三越デパートは** 미츠코시 데파-토와
매표소는 **切符売り場は** 킵뿌 우리바와	버스터미널은 **バスターミナルは** 바스타-미나루와	택시 타는 곳은 **タクシー乗り場は** 탁시-노리바와

★ 어떻게 가면 되나요?

どのように 行けば いいですか。 도노요-니 이케바 이-데스까

> **예 지하철 역까지는 어떻게 가면 되나요?**
>
> 地下鉄駅までは どのように 行けば いいですか。
> **치카테츠에키마데와** 도노요-니 이케바 이-데스까

시립미술관은 **市立美術館は** 시리츠비쥬츠캉와	진보쵸에 가려면 **神保町には** 짐보-쵸-니와
우에노 공원은 **上野公園は** 우에노 코-엥와	미츠코시 백화점은 **三越デパートは** 미츠코시 데파-토와

> **Tip 길을 물을 때**
>
> 외국에 나가면 자신이 묵고 있는 호텔을 찾아가는 것조차 만만치 않다. 이럴 때는 당황하지 말고 물어보도록 하자. 거리에 지나다니는 사람은 외국인도 많고, 또 그 지역 사람이 아닌 경우도 있으니 파출소(交番:코-방)나 상점 등에 들어가서 물어보는 것이 좋다.

여기가 어디입니까?

Where am I now?

ここは どこですか。

코꼬와 도꼬데스까

이 근처에 주유소가 있나요?

Is there a gas station near here?

この 近くに ガソリンスタンドは ありますか。

코노 치카쿠니 가소린스탄도와 아리마스까

세이부 백화점은 어디입니까?

Where is Seibu department store?

西武デパートは どこですか。

세-부 데파-토와 도꼬데스까

가장 가까운 역은 어디입니까?

Where is the nearest subway station?

最寄りの 駅は どこですか。

모요리노 에키와 도꼬데스까

가장 가까운 지하철역으로 가려면 어떻게 가면 되나요?

Could you tell me the way to the nearest subway station, please?

最寄りの 地下鉄駅までは どのように 行けば いいですか。

모요리노 치카테츠에키마데와 도노요-니 이케바 이-데스까

무슨 표시가 있나요?

Are there any landmarks?

何か 目印は ありますか。

나니까 메지루시와 아리마스까

이 곳까지 여기서 가깝습니까[멉니까]?

Is it close[far] from here to this place?

この 場所まで ここから 近い[遠い]ですか。

코노 바쇼마데 코꼬까라 치카이[토오이]데스까

거기까지 걸어서 갈 수 있나요?

Can I walk there?

そこまで 歩いて 行けますか。

소꼬마데 아루이떼 이케마스까

버스로 갈 수 있나요?

Can I go there by bus?

バスで 行けますか。

바스데 이케마스까

우에노 동물원은 어떻게 가면 되나요?

How can I get to the Ueno zoo?

上野動物園は どう 行けば いいですか。

우에노 도-부츠엥와 도-이케바 이-데스까

우에노 공원에는 어떻게 갑니까?

How Can I get to Ueno Park?

上野公園には どうやって 行くんですか。

우에노 코-엔니와 도-얏떼 이쿤데스까

우에노 동물원에 가려면 이 길이 맞나요?

Is this the right way to the Ueno zoo?

上野動物園に 行くには この道で いいのですか。

우에노 도-부츠엔니 이쿠니와 코노미치데 이-노데스까

이 길이 무슨 길이죠?

What street is this?

ここは 何番通りですか。

코꼬와 남반도오리데스까

길을 잃었습니다.

I'm lost.

道に 迷いました。

미치니 마요이마시따

이 부근에 은행이 있습니까?

Is there a bank around here?

この 辺りに 銀行は ありますか。

코노 아타리니 긴코-와 아리마스까

은행으로 가는 길을 가르쳐 주십시오.

Could you tell me the way to the bank?

銀行へ 行く 道を 教えて ください。

긴코-에 이쿠 미치오 오시에떼 쿠다사이

지도를 그려 주실 수 있겠습니까?

Could you draw a map?

地図を 描いて いただけませんか。

치즈오 카이떼 이타다케마셍까

Tip 버스 타기

버스요금은 동전으로 미리 준비해 두는 것이 좋다. 천 엔짜리 지폐를 넣을 경우 바로 잔돈이 나오지 않고, 일단 동전으로 교환한 뒤에 그 동전을 넣고 잔돈을 받아야 하는 경우도 있기 때문이다. 이때 지폐를 동전으로 교환하는 것을 りょうがえ(両替)라고 한다.

노선도는 있습니까?

Do you have a route map?

路線図は ありますか。

로센즈와 아리마스까

스가모까지 얼마입니까?

How much is it to get to Sugamo?

巣鴨まで いくらですか。

스가모마데 이쿠라데스까

미술관에 가는 버스 정류장은 어디입니까?

Where is the bus stop for the art museum?

美術館に 行く バス停は どこですか。

비쥬츠칸니 이쿠 바스테-와 도꼬데스까

우에노 공원에 가려면 어디서 내리면 되나요?

Where should I get off to go to the Ueno park?

上野公園に 行くには どこで 降りれば いいですか。

우에노 코-엔니 이쿠니와 도꼬데 오리레바 이-데스까

여기서 내려요.

I get off here.

ここで 降ります。

코꼬데 오리마스

이 버스는 긴자에 갑니까?

Does this bus go to Ginza?

この バスは 銀座に 行きますか。

코노 바스와 긴자니 이키마스까

버스 정류장은 어디입니까?

Where is the bus stop?

バス停は どこですか。

바스테-와 도꼬데스까

시내중심가로 가는 버스는 어느 것입니까?

Which bus will go to downtown?

市内中心部に 行く バスは どれですか。

시나이 츄-심부니 이쿠 바스와 도레데스까

긴자행 버스 정류장은 어디입니까?

Where is the bus stop for Ginza?

銀座行きの バス停は どこですか。

긴자유키노 바스테-와 도꼬데스까

티켓은 어디서 살 수 있나요?

Where can I buy a ticket?

チケットは どこで 買えますか。

치켓토와 도꼬데 카에마스까

몇 시에 출발합니까?

What time are we leaving?

何時に 出発しますか。

난지니 슙파츠 시마스까

(지도를 보여 주며) 이 곳으로 가는 버스는 어느 것입니까?

Which bus goes to this place?

この 場所に 行く バスは どれですか。

코노 바쇼니 이쿠 바스와 도레데스까

이 곳까지 얼마입니까?

How much to this place?

この 場所まで いくら かかりますか。

코노 바쇼마데 이쿠라 카까리마스까

거기에 도착하면 알려주세요.

Could you tell me when we arrive there?

そこに 着いたら 教えて ください。

소꼬니 츠이따라 오시에떼 쿠다사이

차비는 언제 내면 됩니까?

When can I pay the fare?

運賃は いつ 払えば いいですか。

운칭와 이츠 하라에바 이-데스까

미츠코시 백화점은 몇 번째입니까?

How many stops is it to Mitsukosi department store?

三越デパートは いくつ目ですか。

미츠코시 데파-토와 이쿠츠메데스까

요금은 얼마예요?

How much is the fare?

料金は いくらですか。

료-킹와 이쿠라데스까

버스 터미널은 어디입니까?

Where is the bus depot?

バスターミナルは どこですか。

바스타-미나루와 도꼬데스까

예약할 필요가 있나요?

Do I need a reservation?

予約する 必要は ありますか。

요야쿠 스루 히츠요-와 아리마스까

매표소는 어디입니까?

Where is the ticket office?

切符売り場は どこですか。

킵뿌 우리바와 도꼬데스까

나고야까지 얼마입니까?

How much is it to get to Nagoya?

名古屋まで いくらですか。

나고야마데 이쿠라데스까

나고야까지 얼마나 걸립니까?

How long does it take to get to Nagoya?

名古屋まで どのくらい 時間が かかりますか。

나고야마데 도노쿠라이 지캉가 카까리마스까

나고야에는 몇 시에 도착합니까?

What time does it arrive at Nagoya?

名古屋には 何時に 着きますか。

나고야니와 난지니 츠키마스까

나고야행 버스는 몇 시에 출발합니까?

What time does the bus for Nagoya leave?

名古屋行きは 何時に 出発ですか。

나고야유키와 난지니 슙파츠데스까

나고야행 다음 버스는 몇 시입니까?

What time does the next bus for Nagoya leave?

名古屋行きの 次の バスは 何時ですか。

나고야유키노 츠기노 바스와 난지데스까

어느 버스가 나고야행입니까?

Which bus is for Nagoya?

どの バスが 名古屋行きですか。

도노 바스가 나고야유키데스까

이 가방을 버스에 들고 타도 상관없나요?

Can I bring in this bag?

この バッグを 持ち込んで かまいませんか。

코노 박구오 모치콘데 카마이마셍까

다음 역은 어디입니까?

What is the next station?

次の 駅は なんですか。

츠기노 에키와 난데스까

신주쿠에 가려면 어디서 갈아타면 되나요?

Where should I transfer for Shinjuku?

新宿に 行くには どこで 乗り換えれば いいですか。

신쥬쿠니 이쿠니와 도꼬데 노리카에레바 이-데스까

> **Tip** 전철[지하철]
>
> 일본의 전철은 우리나라보다 더 복잡하게 연결되어 있다. 요즘은 스이카 카드(Suica Card)라는 충전식 카드가 있어서 이 카드 한 장으로 전철 모든 구간은 물론 버스까지도 이용할 수 있다는데 매번 표를 사느라 고생하지 말고 이 카드를 이용해 보는 것은 어떨까? (p.201참조)

진보초까지 한 장 주세요.

To Jimbocho, please.

神保町まで 一枚 おねがいします。

짐보-쵸-마데 이치마이 오네가이시마스

얼마입니까?

How much is it?

いくらですか。

이쿠라데스까

무슨 역에서 갈아타야 하나요?

What name of station should I make connections?

なんていう 駅で 乗り換えれば いいですか。

난떼유- 에키데 노리카에레바 이-데스까

지하철 노선도 있습니까?

Do you have a subway map?

地下鉄マップは ありますか。

치카테츠 맙뿌와 아리마스까

첫 차[마지막 차]는 몇 시입니까?

What time is the first[last] train?

始発[最終]は 何時ですか。

시하츠[사이슈-]와 난지데스까

> **Tip 열차 타기**
>
> 일본에는 신칸센을 비롯하여 많은 민영 철도회사가 운영하는 열차들이 있다. 입석을 じゆうせき(自由席), 좌석을 していせき(指定席)라고 하는데 좌석의 경우 부가요금을 더 내야 한다. 승객이 적은 평일에는 입석으로 구매했다가 비어 있는 좌석에 앉아도 된다.

이 열차는 어디로 갑니까?

Where does this train go?

この 列車は どこに 行きますか。

코노 렛샤와 도꼬니 이키마스까

이 열차는 하카타로 갑니까?

Does this train go to Hakata?

この 列車は 博多に 行きますか。

코노 렛샤와 하카타니 이키마스까

이 차는 하카타행입니까?

Is this for Hakata?

これは 博多行きですか。

코레와 하카타유키데스까

이 급행열차는 우메다 역에 서나요?

Does this express stop at the Umeda Station?

この 急行列車は 梅田駅に 止まりますか。

코노 큐-코-렛샤와 우메다에키니 토마리마스까

표는 어디서 살 수 있습니까?

Where can I buy a ticket?

切符は どこで 買えますか。

킵뿌와 도꼬데 카에마스까

오사카까지 얼마입니까?

How much is it to Osaka?

大阪まで いくらですか。

오-사카마데 이쿠라데스까

고베까지 편도 두 장 주세요.

Two one-way tickets to Kobe, please.

神戸まで 片道 2枚 ください。

코-베마데 카타미치 니마이 쿠다사이

신오사카까지 왕복 한 장 주세요.

A round-trip ticket to Shin-Osaka, please.

新大阪まで 往復 1枚 ください。

싱오-사카마데 오-후쿠 이치마이 쿠다사이

교토까지 얼마나 시간이 걸립니까?

How long does it take to Kyoto?

京都まで どのくらい 時間が かかりますか。

쿄-토마데 도노쿠라이 지캉가 카까리마스까

할인 티켓 있습니까?

Is there any discount ticket?

ディスカウントチケットは ありますか。

디스카운토 치켓토와 아리마스까

이 표를 환불해 주시겠어요?

Can I get a refund on this ticket?

この 切符を 払い戻して もらえますか。

코노 킵뿌오 하라이모도시떼 모라에마스까

급행열차는 추가요금이 듭니까?
Is there any extra charge for the express train?
急行 列車に 追加料金は 必要ですか。
큐-코- 렛샤니 츠이카 료-킹와 히츠요-데스까

몇 번 홈에서 출발하나요?
What platform does the train leave from?
何番線から 出ますか。
남반셍카라 데마스까

신코베행은 몇 번 홈입니까?
Which platform is for Shin-Kobe?
新神戸行きは 何番ホームですか。
싱코-베유키와 남방 호-무데스까

1번 홈은 어디입니까?
Where is the platform 1?
1番ホームは どこですか。
이치방 호-무와 도꼬데스까

다음 나라행 열차는 몇 시에 출발하나요?
When does the next train leave for Nara?
次の 奈良行きの 列車は 何時に 出ますか。
츠기노 나라유키노 렛샤와 난지니 데마스까

다음 역은 어디입니까?
What is the next station[stop]?
次の 駅は どこですか。
츠기노 에키와 도꼬데스까

하카타에는 몇 시에 도착합니까?
What time does it arrive at Hakata?

博多には 何時に 着きますか。

하카타니와 난지니 츠키마스까

이 열차에는 식당차가 있습니까?
Does this train have a dining car?

この 列車には 食堂車は ありますか。

코노 렛샤니와 쇼쿠도-샤와 아리마스까

(표를 보여 주며) 이 자리는 어디입니까?
Where is the seat?

この 席は どこですか。

코노 세키와 도꼬데스까

이 자리는 비어 있습니까?
Is this seat empty?

この 席は 空いて いますか。

코노 세키와 아이떼 이마스까

여기는 제 자리 같은데요.
I think this is my seat.

ここは わたしの 席だと 思いますが。

코꼬와 와타시노 세키다또 오모이마스가

(승무원이) 표 좀 보여 주세요.
Ticket, please.

切符を 拝見します。

킵뿌오 하이켄시마스

> **Tip 택시 타기**
>
> 일본은 택시요금이 비싸기로 유명하다. 하지만 여러 명이 타거나 가까운 거리라면 번거롭게 전철이나 버스를 이용하는 것보다 훨씬 편리한 교통수단이다.

택시 타는 곳은 어디입니까?

Where can I get a taxi?

タクシー乗り場は どこですか。

탁시-노리바와 도꼬데스까

택시로 관광하고 싶은데요.

I'd like to go sightseeing by taxi.

タクシーで 観光したいんですが。

탁시-데 캉코- 시타인데스가

어디까지 가십니까?

Where to?

どちらまで?

도치라마데

아오야마호텔까지 부탁합니다.

To Aoyama Hotel, please.

アオヤマホテルへ おねがいします。

아오야마 호테루에 오네가이시마스

(메모를 보여 주며) 이 주소로 가 주세요.

To this address, please.

この 住所へ おねがいします。

코노 쥬-쇼에 오네가이시마스

(지도를 보여 주며) 이곳까지 부탁합니다.

To this place, please.

この 場所まで おねがいします。

코노 바쇼마데 오네가이시마스

공항까지 얼마입니까?

How much is it to the airport?

空港まで いくらですか。

쿠-코-마데 이쿠라데스까

공항까지 시간이 얼마나 걸립니까?

How long does it take to get to the airport?

空港まで どのくらい 時間が かかりますか。

쿠-코-마데 도노쿠라이 지캉가 카까리마스까

짐을 트렁크에 실어 주실래요?

Could you put my luggages in the trunk?

荷物を トランクに 入れて もらえますか。

니모츠오 토랑쿠니 이레떼 모라에마스까

여기서 내리겠습니다.

I get out here.

ここで 降ります。

코꼬데 오리마스

얼마입니까?

How much is it?

いくらですか。

이쿠라데스까

> **Tip 렌터카**
>
> 해외에서 차를 렌트할 경우 운전면허증이 필요하다. 일본은 핸들이 오른쪽에 있으니 핸들이 왼쪽에 있는 차를 보유하고 있는지 확인해 보고, 사고에 대비해 보험에 가입해 두도록 하자. 출발 전에 인터넷으로 렌터카를 예약해 두면 편하다.

차를 빌리고 싶은데요.

I'd like to rent a car.

車を 借りたいんですが。

쿠루마오 카리따인데스가

예약했습니까?

Do you have a reservation?

予約を して いますか。

요야쿠오 시떼 이마스까

예약했습니다.

I have a reservation.

予約を して います。

요야쿠오 시떼 이마스

3일 동안 차를 빌리고 싶은데요.

I'd like to rent a car for 3 days.

三日間 車を 借りたいんですが。

믹카캉 쿠루마오 카리따인데스가

어떤 차가 있습니까?

What type[kind] of cars do you have?

どんな 車が ありますか。

돈나 쿠루마가 아리마스까

이 차는 하루에 얼마입니까?

How much does this car per day?

この 車は、1日 いくらですか。

코노 쿠루마와 이치니치 이쿠라데스까

이 차를 이틀 빌리겠습니다.

I'd like to rent this car for 2 days.

この 車を 2日間 借ります。

코노 쿠루마오 후츠카캉 카리마스

이 가격에는 보험료가 포함되어 있습니까?

Does this price include insurance?

この 価格には 保険料は 含まれて いますか。

코노 카카쿠니와 호켄료-와 후쿠마레떼 이마스까

보험에 들겠습니다.

I need insurance.

保険に 入ります。

호켄니 하이리마스

차를 오사카에 놓고 갈 수 있나요?

Can I dorp-off this car in Osaka?

車を 大阪で 乗り捨てられますか。

쿠루마오 오-사카데 노리스테라레마스까

오사카에 영업점이 있습니까?

Do you have an office in Osaka?

大阪に 営業所は ありますか。

오-사카니 에-교-쇼와 아리마스까

방치요금(차를 놓고 가는 요금)은 얼마입니까?

How much is the drop-off charge for the car?

乗り捨て 料金は いくらですか。

노리스떼 료-킹와 이쿠라데스까

도로 지도 있습니까?

Do you have a road map?

地図は ありますか。

치즈와 아리마스까

이 부분이 파손된 것 같은데요.

I think this is broken here.

ここの 部分が 壊れているようです。

코꼬노 부분가 코와레떼 이루요-데스

내비게이션 사용방법을 가르쳐 주세요.

Could you tell me how to use the navigation system?

ナビゲーションの 使い方を 教えて ください。

나비게-숀노 츠카이카타오 오시에떼 쿠다사이

차가 고장 났을 때는 어디로 연락하면 되나요?

What number should I call when break down this car.

車が 故障したときは、どこに 連絡すれば いいですか。

쿠루마가 코쇼-시타 토키와 도꼬니 렌라쿠스레바 이-데스까

차를 돌려드리고 싶은데요.

I'd like to return this car.

車を 返したいんですが。

쿠루마오 카에시따인데스가

> **Tip** 자동차 여행
>
> 비교적 이정표가 잘 되어 있어 운전하기 쉽지만 대부분 일본어와 영어로 되어 있기 때문에 우리나라 사람에게는 불편한 면도 있다. 또 운전 중 연료가 떨어지거나 차에 이상이 생기는 경우도 있으니 필요한 표현들을 미리 알아두자.

주유소는 어디입니까?

Where is the gas station?

ガソリンスタンドは どこですか。

가소린스탄도와 도꼬데스까

가득 채워 주세요.

Fill it up, please.

満タンに して ください。

만탄니 시떼 쿠다사이

배터리[타이어]를 점검해 주세요.

Could you check the battery[tires]?

バッテリー[タイヤ]を 調べて ください。

밧테리-[타이야]오 시라베떼 쿠다사이

펑크 난 타이어를 교체해 주시겠어요?

Can you fix a flat tire?

パンクした タイヤを 取り替えて もらえますか。

팡쿠시타 타이야오 토리카에떼 모라에마스까

엔진 상태가 이상해요.

There is some trouble in the engine.

エンジンの 調子が おかしいです。

엔진노 쵸-시가 오카시-데스

WORDS_ 교통

👀 길을 물을 때

오른쪽
right
みぎがわ
右側
미기가와

앞
front
まえ
前
마에

표시 [표지]
landmarks
めじるし
目印
메지루시

왼쪽
left
ひだりがわ
左側
히다리가와

뒤
back
うしろ
우시로

지도
map
ちず
地図
치즈

👀 버스 / 지하철 / 열차

노선도
route map
ろせんず
路線図
로센즈

요금
fare
りょうきん
料金
료―킹

매표소
ticket office
きっぷうりば
切符売り場
킵뿌 우리바

버스정류장
bus stop
てい
バス停
바스테―

~행
bound for~
ゆ
~行き
~유키

운전사
driver
うんてんしゅ
運転手
운텐슈

차비
fare
うんちん
運賃
운칭

버스 터미널
bus depot
バスターミナル
바스타―미나루

직행
direct
ちょっこう
直行
쵹코―

196

도착 시간	arrival time	到着時間 (토-차쿠지캉)
종점	last stop	終点 (슈-텐)
출발 시간	departure time	出発時間 (슙파츠 지캉)
역	station	駅 (에키)
지하철	subway	地下鉄 (치카테츠)
시간표	timetable	時刻表 (지코쿠효-)
첫차	first train	始発 (시하츠)
마지막 차	last train	最終 (사이슈-)
열차[기차]	train	列車 (렛샤)
편도	one-way ticket	片道 (카타미치)
왕복	round-trip ticket	往復 (오-후쿠)
차장 [승무원]	conductor	車掌 (샤쇼-)
환불	refund	払い戻し (하라이모도시)
추가요금	extra charge	追加料金 (츠이카료-킹)
플랫폼 [승강장]	platform	プラットホーム (프랏토호-무)
일일승차권	one-day ticket	一日乗車券 (이치니치 죠-샤켄)
도중하차	stopover	途中下車 (도츄-게샤)
환승	transfer	乗り換え (노리카에)

6 교통

WORDS_ 교통

급행열차
express train
急行列車(きゅうこうれっしゃ)
큐-코-렛샤

특급열차
limited train
特急列車(とっきゅうれっしゃ)
톡큐-렛샤

침대차
sleeping car
寝台車(しんだいしゃ)
신다이샤

식당차
dining car
食堂車(しょくどうしゃ)
쇼쿠도-샤

개찰구
ticket gate
改札口(かいさつぐち)
카이사츠구치

지정석[좌석]
reserved seat
指定席(していせき)
시테-세키

자유석[입석]
non-reserved seat
自由席(じゆうせき)
지유-세키

유료 로커
pay locker
コインロッカー
코인 록카-

할인 티켓
discount ticket
ディスカウントチケット
디스카운토 치켓토

택시 타기

택시 정류장
taxi stand
タクシー乗(の)り場(ば)
탁시-노리바

잔돈
change
おつり
오츠리

(요금) 미터
meter
料金(りょうきん)メーター
료-킹 메-타-

짐
baggage
荷物(にもつ)
니모츠

기본요금
basic rate
基本料金(きほんりょうきん)
키홍료-킹

할증요금
extra charge
割(わ)り増(ま)し料金(りょうきん)
와리마시료-킹

👓 렌터카

렌터카
rental car
レンタカー
렌타카-

예약
reservation
予約(よやく)
요야쿠

휘발유
gas
ガソリン
가소린

주유소
gas station
ガソリンスタンド
가소린스탄도

내비게이션
navigation
ナビゲーション
나비게-숀

보험
insurance
保険(ほけん)
호켕

오토매틱
automatic
オートマチック
오-토마칙쿠

사고
accident
事故(じこ)
지코

추월금지
No Passing
追(お)い越(こ)し禁止(きんし)
오시코시 킨시

국제면허증
international driver's license
国際免許証(こくさいめんきょしょう)
콕사이 멩쿄쇼-

주차금지
No Parking
駐車禁止(ちゅうしゃきんし)
츄-샤 킨시

주차요금
parking cost
駐車料金(ちゅうしゃりょうきん)
츄-샤 료-킹

일방통행
one-way
一方通行(いっぽうつうこう)
입뽀-츠-코-

방치 요금
drop-off charge
乗(の)り捨(す)て料金(りょうきん)
노리스떼료-킹

고장
back-down
故障(こしょう)
코쇼-

생생 여행 정보

일본의 주요 교통

▶ 비행기

일본항공(JAL), 전일공(ANA)을 비롯한 여러 항공사가 전국에 걸쳐 광범위하게 운항하고 있다. 일정이 바쁜 여행자 혹은 신칸센이 운행되지 않는 지역으로 갈 때에는 국내선이 편리하다. 예약은 유명 여행사나 JAL(전화 0120-25-5971), ANA(전화 0120-029-222)로 하면 된다.

▶ 선박

몇몇 선박회사가 국내 주요 항과 러시아, 한국, 중국의 각 항만 도시 사이의 정기항로를 개설하고 있다. 특히 후쿠오카(福岡)시나 시모노세키(下関)시와 한국 간은 페리나 고속선이 취항하고 있다. 장거리 페리의 경우 배 안에서 숙박을 해결 할 수 있으며, 시간이 많이 걸리는 단점이 있다.

▶ 철도

최대 규모의 JR(일본철도) 그룹을 비롯한 많은 민영철도(私鉄)가 운행되고 있으며 국내 전역의 그물망 같은 노선을 정비하고 있다. 빠르고 쾌적한 초특급열차인 신칸센(新幹線)은 십여 분 간격으로 도쿄에서 국내 주요도시로 출발하고 있다. 열차의 요금은 거리에 따라 다르며, 운행 형태나 좌석 형태에 따라서도 추가요금이 있다. 열차표의 구입이나 각종 예약은 역 구내의 '미도리노 마도구치(みどりの窓口)'에서 문의하면 된다.

▶ 지하철 [전철]

도쿄, 오사카 모두 JR(일본철도) 그룹이 운행하는 순환선을 중심으로 다양한 노선이 운행되고 있다. 또 JR 이외의 철도나 지하철이 많이 운행되고 있어 매우 편리하다. 표는 각 역에 설치된 자동판매기에서 구입한다.

▶ 버스

대도시·지방도시에 관계없이 다양한 회사의 정기 노선 버스가 운행되고 있다. 운임은 회사마다 다르지만 시내순환버스는 200엔 전후다. 도시 간을 잇는 장거리 버스가 주야로 운행되며, 항공기나 철도보다 저렴한 운임으로 이용할 수 있어 시간에 여유가 있는 여행자들이 이용하기에 좋다.

▶ 택시

일본어를 못해도 일본어로 씌어 있는 주소나 명함을 제시하면 목적지까지 정확하게 찾아갈 수 있는 수단이다. 30%의 할증료가 적용되는 것은 밤 11시부터 아침 5시까지. 빈 택시는 조수석 위쪽에 적색 램프가 켜져 있고 왼쪽 뒷좌석으로 승하차하며, 자동문이므로 문에 다가설 때 조심해야 한다.

▶ 렌터카

대부분의 도시, 그리고 공항이나 역 주변에는 렌터카 영업소가 있어 국제운전면허증을 제시하면 이용이 가능하며 사전에 예약하는 것이 좋다. 참고로, 일본에서는 차는 좌측통행이며, 고속도로는 모두 유료다.

도쿄 여행의 새친구 스이카 카드

스이카 카드(Suica Card)는 충전식 IC카드로 매번 표를 구입하거나 환승 때마다 정산하는 번거로움을 겪지 않아도 되는 편리한 교통카드다. Suica라는 말의 어원은 Super Urban Intelligent Card로 어딘지 갈 수 있는 IC카드라는 뜻도 가지고 있으면서 일본어로 수박(すいか)이라는 단어가 되기도 해서 친근한 느낌을 준다. 도쿄도내를 운행하는 모든 지하철, 버스, JR 동일본 철도(신칸센 제외), 도쿄 모노레일, 유리카모메, 린카이센을 비롯 요코하마, 가마쿠라, 하코네 등 수도권 지역을 운행하는 사철에서 요금을 차감해가며 이용한다. 교통수단 이외에도 스이카 로고가 표시된 편의점, 패스트푸드점, 자동판매기, 코인 로커, 역이나 나리타 공항 내 매점에서도 현금처럼 사용할 수 있다.

구입과 충전은 역내 스이카 로고가 표시된 카드 발매기나 개찰구 안쪽에 있는 정산기에서. 처음에는 보증금 500엔을 포함한 2000원 짜리만 구입할 수 있고 사용한 카드에 1000엔, 2000엔, 3000엔, 4000엔, 5000엔, 10000엔 단위로 충전하여 사용할 수 있다. 최대 20000엔까지 충전 가능.

더 이상 필요 없게 되어 환불할 경우 JR 각 역과 공항의 티켓 창구로 가면 되는데 잔액과 보증금 500엔을 돌려받을 수 있다. 단, 수수료 명목으로 잔액에서 210엔을 공제한다는 것.

공항에서 시내로 이동

▶ 하네다 공항에서 신주쿠까지

국제선터미널 밖에 있는 3번 버스 승차장에서 무료 셔틀버스를 타고 국내선 터미널로 이동하면, 도쿄 시내와 각 지방을 잇는 리무진이나 도쿄 모노레일, 전철 케이큐센(京急線)을 탈 수 있다. 도쿄 모노레일은 창밖으로 도쿄만의 전경을 보면서 JR선 이용이 가능한 하마마츠초(浜松町)까지 한 번에 갈 수 있어 편리하다. 도쿄에서 신칸센을 이용할 경우는 JR 시나가와역까지 연결되는 케이큐센을 이용하는 것도 좋다.

방법	행선지	소요시간	요금
도쿄 모노레일	하마마츠초 → JR 신주쿠 역	약 55분	660엔
케이큐센(급행)	시나가와 → JR 신주쿠 역	약 42분	590엔
리무진버스JR	신주쿠 역	50분	1200엔

▶ 나리타 공항에서 시내까지

도쿄 시내까지 이동하는 수단으로 가장 많이 이용되는 것은 케이세이센(京成線) 특급이라고 할 수 있다. 우에노 역까지 갈 때 케이세이 스카이라이너보다 15분 느리지만 가격은 거의 절반이다.

방법	행선지	소요시간	요금
케이세이 스카이라이너	우에노 역	1시간	1920엔
케이세이센(특급)	우에노 역	1시간 15분	1000엔
JR전철(쾌속)	도쿄 역	1시간 20분	1280엔
리무진버스	시내 각 지역	약 1시간 20분	3000엔

CHAPTER 7

관광 · 레저 · 스포츠

알기 쉬운 활용 표현

| Track 08 |

★ ~(은) 있어요?

~は ありますか。 ~와 아리마스까

> **예) 한국어로 된 팸플릿 있습니까?**
> 韓国語の パンフレットは ありますか。
> 캉코쿠고노 팡후렛토와 아리마스까

자리	뮤지엄 숍	이 근처에 온천
席	ミュージアムショップ	この 近くに 温泉
세키	뮤-지아무 숍뿌	코노 치카쿠니 온셍
안내관광	학생할인	무료 지도
ガイドツアー	学生割引	無料の 地図
가이도 츠아-	각세-와리비키	무료-노 치즈

★ ~(하)고 싶은데요.

~(し)たいんですが。 ~(시)따인데스가

> **예) 도쿄도 미술관에 가고 싶은데요.**
> 東京都美術館に 行きたいんですが。
> 토-쿄-토 비쥬츠칸니 이키따인데스가

스쿠버 다이빙을 하고	스모를 보고	골프를 치고
スキューバダイビングをし	相撲を 見	ゴルフをし
스큐-바 다이빙구오 시	스모-오 미	고루후오 시
번지점프를 해보고	가부키를 보고	콘서트에 가고
バンジージャンプをやって見	歌舞伎を 見	コンサートに 行き
반지-쟘푸오 얏떼미	카부키오 미	콘사-토니 이키

💡 Tip 관광안내소 이용하기

사전에 어떤 곳을 구경할지 정하지 못했으면 현지의 관광안내소에 문의하면 멋진 곳을 소개 받을 수 있다. 관광안내소는 보통 시내 중심부에 있고 볼거리와 편리한 정보가 가득한 가이드북이나 팸플릿이 비치되어 있으므로 이것들을 참고하면 된다.

관광안내소는 어디입니까?

Where is the tourist information?

観光案内所は どこですか。

캉코-안나이쇼와 도꼬데스까

한국어로 된 팸플릿 있습니까?

Do you have a Korean brochure?

韓国語の パンフレットは ありますか。

캉코쿠고노 팡후렛토와 아리마스까

무료 지도 있습니까?

Do you have a free map?

無料の 地図は ありますか。

무료-노 치즈와 아리마스까

무료 관광 지도를 얻을 수 있습니까?

Can I have a free tourist map?

無料の 観光地図を もらえますか。

무료-노 캉코-치즈오 모라에마스까

이 동네 지도나 관광안내 팸플릿 있습니까?

Do you have a city map or a sightseeing brochure?

街の 地図か 観光案内の パンフレットは ありますか。

마치노 치즈까 캉코-안나이노 팡후렛토와 아리마스까

이 동네의 볼만한 미술관을 추천해 주세요.

Can you recommend an art museum in the city?

この 街の おすすめの 美術館を 教えて ください。

코노 마치노 오스스메노 비쥬츠캉오 오시에떼 쿠다사이

이 동네에서 봐두면 좋은 것은 무엇입니까?

What should I go to see in the city?

この 街で 見ておいた ほうが いいものは なんですか。

코노 마치데 미테오이타 호-가 이-모노와 난데스까

재미있는 곳을 추천해 주세요.

Can you recommend any interesting places?

おもしろい 所を 教えて ください。

오모시로이 토코로오 오시에떼 쿠다사이

도쿄다운 곳을 보려면 어디로 가면 됩니까?

Where can I find a place that is typical for Tokyo?

東京らしい 所に 行きたいんですが。

토-쿄-라시이 토코로니 이키따이노데스가

이 근처에 화장실이 있나요?

Excuse me, Is there a rest room around here?

この 辺に トイレは ありますか。

코노 헨니 토이레와 아리마스까

이 길 이름이 뭐예요?

What is the name of this street?

ここは 何という 通りですか。

코꼬와 난또유- 토-리데스까

어떻게 가면 됩니까?
How can I go there?

どうやって 行けば いいのですか。

도-얏떼 이케바 이-노데스까

걸어서 갈 수 있는 거리예요?
Is it within walking distance?

歩いて 行ける 距離ですか。

아루이떼 이케루 쿄리데스까

이 지도에 표시해 주시겠어요?
Would you mark up it on this map?

この 地図に 印を つけて もらえますか。

코노 치즈니 시루시오 츠케떼 모라에마스까

거기에는 어떻게 가면 됩니까?
How can I get there?

そこには どうやって 行けば いいのですか。

소코니와 도-얏떼 이케바 이-노데스까

이 곳까지 여기서 가깝습니까[멉니까]?
Is it close[far] from here to this place?

この 場所まで ここから 近い[遠い]ですか。

코노 바쇼마데 코꼬까라 치카이[토-이]데스까

거기는 오늘 열었나요?
Is it open today?

そこは 今日 開いて いますか。

소코와 쿄- 아이떼 이마스까

📷 Tip 사진 찍기

여행에서 사진 찍는 즐거움을 빼놓을 수 없지만, 사진을 찍을 수 없는 곳도 있으니 주의해야 한다. 박물관이나 미술관, 혹은 서점 등의 경우 주의해야 한다. 또 다른 사람에게 사진을 찍어달라고 부탁할 때는 공손한 말투로 부탁하고 감사의 인사도 잊지 말자.

여기서 사진을 찍어도 되나요?
Can I take a picture here?

ここで 写真を 撮っても いいですか。

코꼬데 샤싱오 톳떼모 이-데스까

사진 좀 찍어 주실래요?
Could you take my picture?

写真を 撮って いただけませんか。

샤싱오 톳떼 이타다케마셍까

여기를 누르기만 하면 됩니다.
Just press here.

ここを 押すだけです。

코꼬오 오스 다케데스

저 교회를 배경으로 넣어 찍어 주실래요?
Could you take a picture of me with that church in the background?

あの 教会を バックに 入れて 写して もらえますか。

아노 쿄-카이오 박쿠니 이레떼 우츠시떼 모라에마스까

한 장 더 부탁합니다.
One more, please.

もう 一枚 おねがいします。

모- 이치마이 오네가이시마스

저랑 함께 사진 좀 찍어 주실래요?

May I take a picture with you?

わたしと いっしょに 写真に 入って いただけますか。

와따시또 잇쇼니 샤신니 하잇떼 이따다케마스까

사진을 찍어 드릴까요?

Would you like me to take your picture?

あなたの 写真を 撮りましょうか？

아나따노 샤싱오 토리마쇼—까

찍겠습니다. 김~치~.

Are you ready? Say Cheese!

撮りますよ、はい、チーズ。

토리마스요 하이 치—즈

여기서 플래시를 사용해도 되나요?

Can I use a flash here?

ここで フラッシュを 使っても いいですか。

코꼬데 후랏슈오 츠캇떼모 이—데스까

당신 사진을 찍어도 되겠습니까?

May I take your picture?

あなたの 写真を 撮っても いいですか。

아나따노 샤싱오 톳떼모 이—데스까

디카 용 메모리카드를 살 수 있는 곳이 있습니까?

Is there any store to buy a memory card for my digital camera.

デジカメ用のメモリーカードを買える所はありますか。

데지카메요—노 메모리—카—도오 카에루 토꼬로와 아리마스까

7
관광·레저·스포츠

> **Tip 관광**
>
> 관광안내소에서 가이드북을 얻거나 조언을 받아 원하는 곳을 관광할 수 있다. 한 번에 편하게 시내관광을 하고 싶다면 시내관광용 순환버스를 이용하면 된다. 대부분 관광지마다 마련되어 있고 달리는 버스에 앉아 시가는 물론 관광명소를 구경할 수 있어 좋다.

안내관광은 있나요?
Do you have any guided tour?

ガイドツアーは ありますか。

가이도츠아-와 아리마스까

한국어 가이드가 딸린 관광 여행은 없나요?
Do you have any sightseeing tours with a Korean guide?

韓国語ガイドつきの 観光ツアーは ありませんか。

캉코쿠고 가이도츠키노 캉코-츠아-와 아리마셍까

투어 시간은 어느 정도입니까?
How long is the tour?

ツアーの 時間は どのくらいですか。

츠아-노 지캉와 도노쿠라이데스까

가이드가 있는 상품인가요?
Is it a guided tour?

ガイドつきの ツアーですか。

가이도츠키노 츠아-데스까

시내 관광버스는 있습니까?
Is there a city tour bus?

市内の 観光バスは ありますか。

시나이노 캉코-바스와 아리마스까

어떤 종류의 투어가 있나요?
What kinds of tours do you have?

どんな ツアーが ありますか。

돈나 츠아-가 아리마스까

출발 시간은요?
What time do you start?

出発時間は。

슙파츠 지캉와

돌아오는 시간은요?
What time do you return?

帰着時間は。

키챠쿠 지캉와

그 예약 할 수 있나요?
Can I make a reservation for it?

その 予約を 取れますか。

소노 요야쿠오 토레마스까

유람선은 어디에서 탑니까?
Where can I take the tour boat?

遊覧船は どこで 乗りますか。

유-란셍와 도꼬데 노리마스까

페리는 몇 시에 출발합니까?
What time does the ferry leave?

フェリーは 何時に 出発しますか。

훼리-와 난지니 슙파츠 시마스까

> **Tip** 미술관·박물관·유적지
>
> 일본을 한껏 느껴 보려면 역시 역사적 전통이 숨 쉬고 있는 박물관이나 전통미술관에 가보는 것이 좋다. 관광안내소에서 가이드북을 얻어 휴관일이나 위치, 교통편 등에 대해 정보를 얻는다.

입장료는 얼마입니까?

How much is the admission fee?

入場料は いくらですか。

뉴―죠―료―와 이쿠라데스까

어른 두 장 주세요.

Two adults, please.

大人 二枚 おねがいします。

오토나 니마이 오네가이시마스

학생할인이 되나요?

Do you have any student discount?

学生割引は ありますか。

각세― 와리비키와 아리마스까

여기에는 유명한 작품이 있습니까?

Do you have any famous works of art here?

ここには 何か 有名な 作品が ありますか。

코꼬니와 나니까 유―메―나 사쿠힝가 아리마스까

네, 피카소 작품이 있습니다.

Yes. We have a Picasso exhibit.

はい。ピカソの 作品が ございます。

하이 피카소노 사쿠힝가 고자이마스

뮤지엄 숍은 있나요?

Is there a museum shop?

ミュージアムショップは ありますか。

뮤-지아무 숍뿌와 아리마스까

이 박물관에 레스토랑이 있나요?

Is there a restaurant in this museum?

この 博物館に レストランは ありますか。
はくぶつかん

코노 하쿠부츠칸니 레스토랑와 아리마스까

안내관람은 몇 시부터입니까?

What time do you start the guided tour?

館内ツアーは 何時からですか。
かんない　　　なんじ

칸나이 츠아-와 난지카라데스까

이 박물관 팸플릿이 있습니까?

Do you have a brochure for this museum?

この 博物館の パンフレットは ありますか。
はくぶつかん

코노 하쿠부츠칸노 팡후렛토와 아리마스까

한국어로 된 가이드북이 있나요?

Do you have a Korean guidebook.

韓国語の ガイドブックは ありますか。
かんこくご

캉코쿠고노 가이도북쿠와 아리마스까

폐관시간은 언제입니까?

When is the closing time?

閉館時間は いつですか。
へいかんじかん

헤-칸지캉와 이츠데스까

> **Tip** 영화 · 연극 · 공연
>
> 일본에서 본고장의 영화나 연극을 보는 즐거움, 자신이 좋아하는 가수의 공연을 보는 즐거움은 색다르다. 가기 전에 헛걸음하지 않도록 전화나 홈페이지를 통해 공연 및 상영 시간 등을 알아두자.

오늘 밤 티켓을 살 수 있나요?

Can I buy any tickets for tonight?

今晩の チケットを 買えますか。

콤반노 치켓토오 카에마스까

좌석이 어디쯤이죠?

Where is my seat?

どのへんの 席ですか。

도노헨노 세키데스까

공연 시작은 몇 시입니까?

What time does the show start?

開演は 何時ですか。

카이엥와 난지데스까

자리가 있나요?

Is there any seat?

席は ありますか。

세키와 아리마스까

이 영화 표 주세요.

This movie ticket please.

この 映画の チケットを ください。

코노 에-가노 치켓토오 쿠다사이

표는 어디서 사나요?

Where can I get a ticket?

チケットは どこで 買うんですか。

치켓토와 도꼬데 카운데스까

오늘은 무슨 공연을 하고 있나요?

What is today's program?

今日は 何を やって いますか。

쿄-와 나니오 얏떼 이마스까

오늘 표는 아직 있나요?

Do you still have a ticket for today?

今日の チケットは まだ ありますか。

쿄-노 치켓토와 마다 아리마스까

가장 싼 표는 얼마입니까?

How much is the least expensive ticket?

一番 安い チケットは いくらですか。

이치방 야스이 치켓토와 이쿠라데스까

몇 시에 시작합니까?

What time does it start?

何時に 始まりますか。

난지니 하지마리마스까

공연 시간은 어느 정도입니까?

How long does it last?

上演時間は どのくらいですか。

죠-엔 지캉와 도노쿠라이데스까

중간에 휴식 시간은 있습니까?
Is there an intermission?
合間の 休憩は ありますか。
아이마노 큐-케-와 아리마스까

가장 좋은 자리를 원합니다.
I would like to take a best seat.
一番 いい 席が ほしいです。
이치방 이-세키가 호시-데스

다음 공연 시간은 언제입니까?
When is the next performance?
次の 上演は いつですか。
츠기노 죠-엔와 이츠데스까

앞 쪽 자리로 부탁합니다.
Front row, please.
前の方の 席を おねがいします。
마에노 호-노 세키오 오네가이시마스

어른 두 장, 아이 한 장 주세요.
Two adults and one child, please.
大人 2枚、子供 1枚 ください。
오토나 니마이 코도모 이치마이 쿠다사이

한국어로 된 팸플릿은 있습니까?
Do you have a Korean brochure?
韓国語の パンフレットは ありますか。
캉코쿠고노 팡후렛토와 아리마스까

이 자리에 누가 있습니까?

Is this seat taken?

この 席には 誰か いますか。

코노 세키니와 다레까 이마스까

휴식 시간은 어느 정도 있습니까?

How long is the intermission?

休憩時間は どのくらい ありますか。

큐-케-지캉와 도노쿠라이 아리마스까

오늘 밤은 무엇을 하고 있습니까?

What are you going to do tonight?

今晩は 何を やって いますか。

콤방와 나니오 얏떼 이마스까

상영 시간은 몇 분입니까?

How long does it take?

上映時間は 何分ですか。

죠-에-지캉와 남뿐데스까

내일 자리 두 개 예약하고 싶은데요.

I would like to reserve two seats for tomorrow.

明日の 席を 2つ 予約したいんですが。

아시타노 세키오 후타츠 요야쿠 시타인데스가

오늘 출연자는 누구입니까?

Who's starring today?

今日の 出演者は 誰ですか。

쿄-노 슈츠엔샤와 다레데스까

> **Tip** 스포츠
>
> 좋아하는 스포츠를 관람하거나 실제로 해보면 어떨까? 우리나라 선수가 활약하고 있는 야구 관람도 좋고, 스모 같은 일본의 전통 스포츠 관람도 색다른 재미가 있다. 특히 스모(相撲)는 우리나라의 씨름과 비슷한 일본의 전통 스포츠로 일본인들에게 인기가 아주 많다.

스쿠버 다이빙을 하고 싶은데요.

I'd like to do scuba-diving.

スキューバダイビングを したいんですが。

스큐–바 다이빙구오 시따인데스가

번지점프를 해보고 싶은데요.

I'd like to try a bungee-jump.

バンジージャンプを やって みたいんですが。

반지–쟘푸오 얏떼 미따인데스가

골프를 치고 싶은데요, 근처에 골프장이 있나요?

I'd like to play golf. Are there any golf courses around here?

ゴルフをしたいんですが、この辺にゴルフ場はありますか。

고루후오 시따인데스가 코노 헨니 고루후죠–와 아리마스까

위험한가요?

Is it any dangerous?

危険ですか。

키켄데스가

스모를 보고 싶은데요.

I'd like to watch Sumo.

相撲を 見たいんですが。

스모–오 미따인데스가

> **Tip** 전통예술
>
> 가부키(歌舞伎) 같은 전통 예능을 관람해 보는 것은 뜻 깊은 일. 가부키는 노-(能), 쿄-겐(狂言), 인형극인 분라쿠(文楽)와 더불어 일본의 전통적인 무대 예술의 하나다. 짙은 화장을 한 남자배우들이 등장하여 형식을 갖춘 독특한 움직임과 대사로 관객을 사로잡는다.

가부키를 보고 싶은데요.
I'd like to see Kabuki.

歌舞伎を 見たいんですけど。

카부키오 미따인데스케도

가부키는 어디에서 볼 수 있습니까?
Where can I see Kabuki?

歌舞伎は どこで 見られますか。

카부키와 도꼬데 미라레마스까

공연 시작은 몇 시입니까?
What time does the show start?

開演は 何時ですか。

카이엥와 난지데스까

이 좌석까지 안내해 주시겠습니까?
Could you guide me to this seat?

この 座席まで 案内して いただけますか。

코노 자세키마데 안나이시떼 이타다케마스까

저 배우의 이름은 무엇입니까?
What is the name of that actor?

あの 俳優の 名前は 何ですか。

아노 하이유-노 나마에와 난데스까

WORDS_ 관광 · 레저 · 스포츠

관광 안내소에서

관광안내소
tourist information
観光案内所
캉코-안나이쵸

무료 지도
free map
無料の地図
무료-노 치즈

패키지 관광
package tour
パッケージツアー
팍케-지 츠아-

팸플릿
brochure
パンフレット
팡후렛토

무료 관광 지도
free tourist map
無料の観光地図
무료-노 캉코-치즈

통역
translation
通訳
츠-야쿠

관광안내 팸플릿
sightseeing brochure
観光案内の パンフレット
캉코-안나이노 팡후렛토

안내 관광
guided tour
ガイドツアー
가이도 츠아-

한국어 팸플릿
Korean brochure
韓国語の パンフレット
캉코쿠고노 팡후렛토

사진 찍기

사진
picture
写真
샤싱

배경
background
背景
하이케-

디지털 카메라
digital camera
デジカメ
데지카메

버튼
button
ボタン
보탕

플래시
flash
フラッシュ
후랏슈

메모리카드
memory card
メモリーカード
메모리-카-도

관광

관광 여행
sightseeing tour
観光ツアー
캉코-츠아-

관광 버스
sightseeing bus
観光バス
캉코-바스

유람선
sightseeing boat
観光船[遊覧船]
캉코-센 [유-란센]

페리
ferry
フェリー
훼리-

온천
hot spring
温泉
온센

전망대
observation platform
展望台
템보-다이

기념관
memorial (hall)
記念館
키넹캉

축제
festival
祭り
마츠리

박람회
fair
博覧会
하쿠랑카이

미술관 / 박물관 / 유적지

박물관
museum
博物館
하쿠부츠캉

미술관
art museum
美術館
비쥬츠캉

입장료
admission fee
入場料
뉴-죠-료-

팸플릿
brochure
パンフレット
팡후렛토

어른
adult
大人
오토나

어린이
child
子供
코도모

WORDS_ 관광 · 레저 · 스포츠

학생
student
<ruby>学生<rt>がくせい</rt></ruby>
각세-

개관시간
opening time
<ruby>開館時間<rt>かいかんじかん</rt></ruby>
카이칸지캉

기념품
souvenir
<ruby>土産物<rt>みやげもの</rt></ruby>
미야게모노

학생 할인
student discount
<ruby>学生割引<rt>がくせいわりびき</rt></ruby>
각세- 와리비키

폐관시간
closing time
<ruby>閉館時間<rt>へいかんじかん</rt></ruby>
헤이칸지캉

뮤지엄 숍
museum shop
ミュージアム
ショップ
뮤-지아무 숍뿌

영화 / 연극 / 공연 / 스포츠

영화관
movie theater
<ruby>映画館<rt>えいがかん</rt></ruby>
에-가캉

공포영화
horror movie
ホラー<ruby>映画<rt>えいが</rt></ruby>
호라-에-가

뮤지컬
musical
ミュージカル
뮤-지카루

자막
subtitle
<ruby>字幕<rt>じまく</rt></ruby>
지마쿠

애니메이션
animation
アニメ
아니메

콘서트
concert
コンサート
콘사-토

화면
screen
<ruby>画面<rt>がめん</rt></ruby>
가멩

로맨틱 코미디
romantic comedy
ロマンチック
コメディー
로만치쿠 코메디-

티켓
ticket
チケット
치켓토

앞 쪽 자리
front row
前の方の席
まえ ほう せき
마에노 호-노 세키

중간 휴식 시간
intermission
合間の休憩
あい ま きゅうけい
아이마노 큐-케-

당일표
today's ticket
当日券
とうじつけん
토-지츠켕

출연자
starring
出演者
しゅつえんしゃ
슈츠엔샤

배우
actor
俳優
はいゆう
하이유-

가부키
Kabuki
歌舞伎
か ぶ き
카부키

가부키좌
Kabuki-za
歌舞伎座
か ぶ き ざ
카부키자

번지점프
bungee-jump
バンジージャンプ
반지-쟘푸

스모
Sumo
相撲
すもう
스모-

스쿠버 다이빙
scuba-diving
スキューバ
ダイビング
스큐-바 다이빙구

카레이스
car race
カーレース
카-레-스

야구
baseball
野球
や きゅう
야큐-

축구
soccer
サッカー
삭카-

골프
golf
ゴルフ
고루후

골프장
golf course
ゴルフ場
じょう
고루후죠-

7 관광·레저·스포츠

223

생생 여행 정보

도쿄 관광 추천 코스 10곳

1. 신주쿠(新宿)

신주쿠역을 중심으로 대형 쇼핑 타운과 극장가, 맛집이 몰려 있는 곳. 주변의 볼거리로는 도쿄 도청사, 오페라시티, 다카시마야 타임즈 스퀘어, 신주쿠 서던 테라스, 신주쿠 공원 등을 꼽을 수 있다.

2. 이케부쿠로(池袋)

일대의 상업, 교통, 문화의 중심지라고 할 수 있는 곳. 메트로폴리탄 플라자, 마루이시티, 미츠코시, 파르코, 토부 백화점, 선샤인시티 등의 쇼핑몰과 도요타 암럭스, 예술극장, 자유학원 묘지칸 등의 볼거리로 유명하다.

3. 아사쿠사(浅草)

도쿄에서 가장 오래된 절 센소지(浅草寺)가 있는 곳. '천둥의 문'이라는 뜻의 '카미나리몬(雷門)'이라고 쓰인 빨간색 큰 제등이 달린 절 입구는 이 지역의 상징이며, 이 문을 지나 안으로 들어가면 전통적인 분위기가 물씬 풍기는 나카미세도리(仲見世通り)가 나온다. 이곳에는 기념품부터 각종 전통과자, 공예품 등을 팔고 있어 관광객의 발길이 끊이지 않는다.

4. 오다이바(お台場)

도쿄 만 매립지에 탄생한 오다이바는 도쿄의 새로운 명소로 자리잡았다. 오다이바의 주요 관광지는 영화관을 포함한 대형 쇼핑몰 아쿠아시티, 인기 TV프로그램의 세트를 견학할 수 있는 후지TV 스튜디오, 카이힌 공원, 덱스 도쿄 비치, 18세기 유럽의 거리풍경을 느낄 수 있는 테마파크 팔렛트 타운 등 젊은 층에게 데이트 명소로 인기 있는 곳이다.

5. 긴자(銀座)

고급 브랜드의 메카로 불리는 곳. 일본의 전통예능 '가부키'를 공연하는 가부키 극장도 있고, 유명백화점들과 고급전문점들이 밀집한 유행 중심지이며, 음식점·바·카바레 등이 밀집한 뒷골목은 환락가로 유명하다.

6. 우에노(上野)

우에노 역 주변으로 공원과 동물원을 비롯 미술관, 박물관 등의 문화시설이 집중되어 있어 시민들의 휴식 공간이 되고 있다. 또, 우에노 역에서 오카치마치 역까지의 가드레일 밑을 중심으로 아메요코라는 재래시장이 있다. 500개 이상의 점포가 들어서 있는 이 시장은 서민들의 먹거리부터 고급 수입품에 이르기까지 다양한 상품을 저렴하게 팔고 있다.

7. 에비스(恵比寿)

삿포로 맥주의 전신인 에비스 맥주 공장이 들어서면서 붙여진 지명 에비스. 1994년에 오픈한 테마형 복합타운 에비스 가든 플레이스는 에비스의 명소가 되었다. 이곳에는 에비스 가든 플레이스 타워, 미츠코시 백화점, 퍼블릭 맥주홀 비야 스테이션, 맥주 기념관, 웨스틴 도쿄 호텔 등이 모여 있어 다양한 즐길 거리를 제공하고 있다.

8. 오쿠타마 호(奥多摩湖)

오쿠타마 호수는 도쿄 도 서부, 다마 강(多摩川) 상류를 막아서 건설한 오고우치(小河内) 댐에 의해 생긴 인공호수로, 수도권에서 가장 가까우며 엄청난 규모의 국립공원인 지치부 다마 국립공원에 속해 있다. 매년 가을에는 가시마 춤과 일본 고래의 전통예능인 사자춤이 신에게 바쳐지며, 이는 도쿄 도의 무형문화재로 지정되어 있다.

9. 아카사카(赤坂)

일본 정치의 중심지인 나가타초(永田町)와 가까워 정재계의 요인들이 이용하는 고급 요정들과 TV방송국이 있어 사람들로 항상 붐빈다. 주변에는 외국 대사관, 고급 호텔과 고급 레스토랑, 음식점 등이 많아 밤의 아카사카는 국제적인 불야성이라고도 할 수 있는 환락가를 형성하기도 한다.

10. 롯폰기(六本木)

아카사카에 인접한 이곳은 일본인보다 외국인이 더 많이 눈에 띄며, 그에 맞춘 국제감각이 풍부한 상점들이 밤거리를 장식하는 도내 유수의 나이트 스포트로 알려져 있다. 국내 최대급의 댄스 플로어를 자랑하는 디스코 베르파레를 비롯하여 세계적으로 유명한 하드록 카페 등이 있다.

도쿄 근교 무료로 즐길 수 있는 곳

◎ 도쿄 도청 전망실

신주쿠의 상징물로 총 3개의 건물, 제 1, 2본청사와 도의회 의사당으로 구성되어 있다. 신주쿠에서 가장 넓은 무료 전망대가 설치되어 있어 야경을 즐길 수 있다. 맑게 갠 겨울날에는 서남쪽의 요코하마 시부터 서쪽의 후지 산까지도 볼 수 있다. 제1청사 북쪽 타워 32층과 제2청사 4층의 직원식당은 일반인도 이용할 수 있으므로 이곳을 이용하면 저렴하게 한 끼를 해결할 수 있다.

전망실 개방시간: 북측 9:30~22:00(화~일요일·공휴일)
　　　　　　　　남측 9:30~22:00(월), 9:30~17:30(수~금요일)
　　　　　　　　9:30~19:30(토일·공휴일)
　　　　　　　　*30분전까지 입장가능
문의전화 : 전망실 전용 안내전화 03-5320-7890, 03-5321-1111

◎ 황궁 히가시교엔(東御苑)

일왕과 그 일가가 거주하던 집으로 도쿄 역에서 도보로 약 15분 거리에 있다. 황거 앞에는 광장 같은 곳이 있으며, 황거 주위는 연못으로 둘러싸여 있는데 이 연못에 있는 니주바시(二重橋)라는 다리는 황거의 상징이라 할 수 있는 곳이다. 황거 정원의 잔디와 소나무는 사람들에게 휴식을 제공하고 있어 많은 사람들이 조깅이나 산책을 즐기고 있다.

◎ 메이지 신궁

메이지 신궁은 일본의 근대화와 국가발전에 지대한 공을 세웠던 메이지 일왕 부부를 모시는 신사이다. 신사의 정원에는 12만 그루의 나무가 심겨 있어 도심 속의 오아시스처럼 신선한 공기를 만끽할 수 있다.

오픈시간 : 오전9시~오후4시30분(3월~10월), 오전9시~오후4시(11월~2월)

◎ 아사쿠사 센소지

도쿄에서 가장 오래된 사찰이자 아사쿠사를 대표하는 명소 센소지. 카미나리몬에서 보장문까지 약 300m의 참배길에 있는 상점가는 에도시대부터 전해지는 세계에서 가장 오래된 상점가이기도 하다. 입구에 있는 청동 화로에 연기를 쐬면 병이 낫는다고 알려져 많은 참배객이 찾고 있다.

오픈시간 : 오전 6시~오후 5시

CHAPTER 8

쇼핑

알기 쉬운 활용 표현

| Track 09

★ ~(은) 얼마예요?

~は いくらですか。 ~와 이쿠라데스까

> **예 이것은 얼마예요?**
> **これは いくらですか。** 코레와 이쿠라데스까

블라우스	스커트	셔츠	목도리	스카프
ブラウス	スカート	シャツ	マフラー	スカーフ
부라우스	스카-토	샤츠	마후라-	스카-후
벨트	지갑	반지	팔찌	목걸이
ベルト	財布	指輪	ブレスレット	ネックレス
베루토	사이후	유비와	브레스렛토	넥쿠레스

★ ~(은) 없나요?

~は ありませんか。 ~와 아리마셍까

> **예 싼 것은 없나요?**
> **安いものは ありませんか。** 야스이모노와 아리마셍까

작은 것	이걸로 갈색	이걸로 다른 색
小さいもの	これの茶色	これの色違い
치-사이 모노	코레노 챠이로	코레노 이로치가이
빨간 것	이것과 비슷한 것	캐주얼한 것
赤いもの	これと同じようなもの	カジュアルなもの
아카이 모노	코레토 오나지요-나 모노	카쥬아루나 모노

Tip 매장에서

의류나 신발의 사이즈 표시 방법이 우리와 다르다는 점에 주의. 한국에서는 의류를 인치로 표시하지만 일본에서는 센티로 표시한다. 또한 신발도 우리는 밀리(mm)로 나타내는데 일본에서는 센티(cm)로 나타낸다는 것도 알아 두자.

뭐 찾으시는 거 있으세요?

May I help you?

何か お探しですか。

나니까 오사가시 데스까

그냥 보는 거예요.

I'm just looking.

見ているだけです。

미떼이루 다케데스

친구한테 줄 선물을 찾고 있는데요.

I'm looking for souvenirs for my friends.

友人への おみやげを 探しているんですけど。

유-징에노 오미야게오 사가시떼 이룬데스케도

가방을[시계를] 찾는데요.

I'm looking for a bag[watch].

バッグ[時計]を 探して います。

박구[토케-] 오 사가시떼 이마스

샤넬 있나요?

Do you have chanel?

シャネルは ありますか。

샤네루와 아리마스까

이걸 보고 싶은데요.
I'd like to see this.

これを 見たいんですが。
코레오 미따인데스가

저기요, T셔츠 있어요?
Excuse me. Do you have T-shirts?

すみません。Tシャツ ありますか。
스미마셍 티-샤츠 아리마스까

예, 이쪽입니다.
Yes. This way.

はい。こちらです。
하이 코치라데스

좀 생각해 볼게요.
Let me think about it.

ちょっと 考えます。
촛또 캉가에마스

도와주셔서 고맙습니다.
Thanks a lot for your help.

ありがとうございました。
아리가또-고자이마시따

또 올게요.
I'll be back.

また 来ます。
마따 키마스

소재가 뭐예요?

What is this made of?

素材は 何ですか。

소자이와 난데스까

면 소재로 된 것 있나요?

Is there any cotton stuff?

綿素材の ものは ありますか。

멘소자이노 모노와 아리마스까

만져 봐도 되나요?

Do you mind if I touch it?

さわっても いいですか。

사왓떼모 이-데스까

윈도우 안에 있는 백을 보여줄 수 있나요?

Could you show me the bag in the shopwindow?

ウィンドウの 中にある バッグを 見せて もらえますか。

윈도우노 나카니 아루 박구오 미세떼 모라에마스까

들어봐도 되나요?

Can I pick it up?

手に 取って 見ても いいですか。

테니 톳떼 미떼모 이-데스까

얼마예요?

How much is it?

いくらですか。

이쿠라데스까

사이즈가 몇이에요?

What size is this?

サイズは いくつですか。

사이즈와 이쿠츠데스까

이거 순금이에요?

Is this pure gold?

これは 純金(じゅんきん)ですか。

코레와 중킨데스까

(반지를) 끼워 봐도 되나요?

May I try this on?

はめても いいですか。

하메떼모 이-데스까

그것으로 할게요?

I'll take it.

それを もらいます。

소레오 모라이마스

보증서는 있나요?

Does it have a warranty?

保証書(ほしょうしょ)は つきますか。

호쇼-쇼와 츠키마스까

이거 5개 주세요.

I'd like 5 of these.

これを 5つ(いつ) ください。

코레오 이츠츠 쿠다사이

> **Tip** 요구하기·요청하기
>
> 물건을 고를 때, 계산할 때 여러 가지 요구할 것들이 생기기 마련. 만족스러운 쇼핑이 될 수 있도록 원하는 것을 적극적으로 요청하자.

쇼핑백 하나 더 주실래요?

Can I have some extra paper bags?

余分な 紙袋を もらえますか。

요분나 카미부쿠로오 모라에마스까

사이즈 다른 것을 보여 주세요.

Can you show me another in different size?

違う サイズの ものを 見せて ください。

치가우 사이즈노 모노오 미세떼 쿠다사이

주문하면 며칠 걸려요?

How many days will it take to order?

取り寄せには 何日 かかりますか。

토리요세니와 난니치 카까리마스까

한국으로 부쳐줄 수 있나요?

Can you send it to Korea?

韓国へ 送って もらえますか。

캉코쿠에 오쿳떼 모라에마스까

선물용으로 싸 주세요.

Gift wrap, please.

プレゼント用に 包んで ください。

프레젠토요-니 츠츤데 쿠다사이

선물용 포장은 별도 요금인가요?

Is there an extra charge for gift-wrapping?

ギフト用の 包装は 別料金ですか。

기후토 요-노 호-소-와 베츠료-킨데스까

따로 따로 싸 주세요.

Can you wrap them separately?

別々に 包んで ください。

베츠베츠니 츠츤데 쿠다사이

윈도 안에 있는 백을 보여 주세요.

Could you show me the bag in the shopwindow?

ウィンドウの 中に ある バッグを 見せて ください。

윈도-노 나카니 아루 박구오 미세떼 쿠다사이

다른 것을 보여 주세요.

Could you show me another one?

他のを 見せて ください。

호카노오 미세떼 쿠다사이

이거 제가 묵는 호텔까지 배달해 줄 수 있나요?

Could you deliver this to my hotel?

これを わたしの ホテルに 配達して もらえますか。

코레오 와타시노 호테루니 하이타츠 시떼 모라에마스까

바꿔줄 수 있나요?

Can I exchange this?

取り替えて もらえますか。

토리카에떼 모라에마스까

> **Tip 흥정하기**
>
> 기본적으로 관광지는 가격이 비싸게 책정되어 있기 때문에 비교해 보고 흥정을 해서 싸게 사는 것이 중요하다. 전자계산기나 핸드폰 기능을 이용해서 얼마나 이득이 되는지 정확히 따져 보자. 환율 때문에 오히려 비싸게 사는 경우도 있으니 주의.

깎아 줄 수 있나요?
Could you give me a discount please?

まけて もらえませんか。

마케떼 모라에마셍까

너무 비싸요. 싸게 해 주세요.
It's too expensive for me. Give me a lower price.

ちょっと 高すぎます。安くして ください。

춋또 타카스기마스 야스쿠시떼 쿠다사이

좀 비싸네요.
Little bit expensive.

ちょっと 高いですね。

춋또 타카이데스네

좀 더 싸게 해 줄 수 있나요?
Can you lower the price a little?

もう 少し 安くして もらえますか。

모–스코시 야스쿠 시떼 모라에마스까

더 이상 싸게는 안 되나요?
Is that your final price?

それ 以上は 安く できませんか。

소레 이죠–와 야스쿠 데키마셍까

좀 예산이 초과됐네요.
That's a little over my budget.
ちょっと 予算が オーバーして います。
춋또 요상가 오-바-시떼 이마스

다른 데서 더 싸게 팔던데요.
I think I've seen it cheaper somewhere else.
他の 店で もっと 安く 売ってましたよ。
호카노 미세데 못또 야스쿠 웃떼마시타요

오천 엔까지는 낼 수 있어요.
I can pay up to five thousand yen.
5千円までは 出せます。
고셍엠마데와 다세마스

세 개에 2만 엔 어때요?
How about twenty thousand yen for three?
3つで 2万円で どうですか。
밋츠데 니망엔데 도-데스까

3천 엔으로 해 주세요.
Make it three thousand yen, please.
3千円に してください。
산젱엔니 시떼 쿠다사이

이것과 이것 해서 만 엔에 안 될까요?
How about ten thousand yen for this one and this one?
これと これで 1万円に なりませんか。
코레또 코레데 이치망엔니 나리마셍까

> **Tip 계산하기**
>
> 계산할 때는 금액을 확인하고 영수증은 꼭 보관하자. 또 카드로 지불할 경우 이용금액의 2%의 수수료가 추가로 부과되며 결제환율도 전신환매도율이 적용되기 때문에 현금을 사용할 때보다 불리할 수도 있다. 현금과 카드 사용 중 어느 쪽이 유리한지 따져보고 사용하자.

계산은 어디서 하나요?

Where is the cashier?

支払いは どちらですか。

시하라이와 도치라데스까

다해서 얼마예요?

How much is it altogether?

全部で いくらですか。

젬부데 이쿠라데스까

세금 포함이에요?

Does it include tax?

税込みですか。

제-코미데스까

이 신용카드 쓸 수 있나요?

Do you accept this credit card?

この クレジットカードは 使えますか。

코노 크레짓토 카-도와 츠카에마스까

카드로 일부를 계산하고, 나머지를 현금으로 계산할 수 있나요?

Can I put part of it on my card and pay the rest in cash?

カードで 一部を払って、残りを 現金で払うことは できますか。

카-도데 이치부오 하랏떼 노코리오 겡킨데 하라우코또와 데키마스까

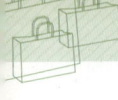

 Tip 의류매장에서

맘에 드는 옷이 있으면 입어보고, 어울리는지 사이즈가 맞는지 살펴보자. 여성의 경우 화장이 옷에 묻지 않도록 조심.

입어 봐도 되나요?

May I try this on?

試着しても いいですか。

시차쿠 시떼모 이-데스까

피팅룸이 어디예요?

Where is the fitting room?

試着室は どこですか。

시차쿠시츠와 도꼬데스까

어디서 입어 보면 되나요?

Where can I try them on?

どこで 試着 できますか。

도꼬데 시차쿠 데키마스까

어울리나요?

How do I look?

似合いますか。

니아이마스까

작은 사이즈 있나요?

Do you have a smaller one?

小さい ものは ありますか。

치-사이 모노와 아리마스까

좀 짧아요[길어요].

This is a little bit short[long].

ちょっと 短い[長い]です。

촛또 미지카이 [나가이] 데스

좀 껴요[헐렁해요].

This is a little bit tight[loose].

ちょっと きつい[ゆるい]です。

촛또 키츠이 [유루이] 데스

이건 너무 꽉 껴요.

This is too tight.

これは きつすぎます。

코레와 키츠스기마스

이건 너무 길어요[짧아요].

This is too long[short].

これは 長[短]すぎます。

코레와 나가[미지카]스기마스

이건 너무 커요.

This is very[too] big.

これは 大きすぎます。

코레와 오-키스기마스

빨간[파란] 것은 있나요?

Do you have a red[blue] one?

赤[青]い ものは ありますか。

아카 [아오] 이 모노와 아리마스까

8
쇼
핑

제게는 너무 화려해요.
This is too flashy for me.

わたしには 派手すぎます。
와타시니와 하데스기마스

이거랑 비슷한 것은 여기에 없나요?
Do you have anything like this here?

これと 同じような ものは ここに ありませんか。
코레토 오나지요-나 모노와 코꼬니 아리마셍까

이걸로 다른 색은 없나요?
Do you have this in a different color?

これの 色違いは ありませんか。
코레노 이로치가이와 아리마셍까

이걸로 갈색은 없나요?
Do you have this in brown?

これの 茶色は ありませんか。
코레노 챠이로와 아리마셍까

좀 더 캐주얼한 게 좋은데요.
I'd like some more casual.

もう少し カジュアルな ものが いいんですが。
모-스코시 카쥬아루나 모노가 이인데스가

어때요?
How are you doing?

いかがですか。
이카가데스까

딱 맞아요.
This is just right.

ぴったりです。
핏타리데스

사이즈가 몇이에요?
What size is this?

サイズは いくつですか。
사이즈와 이쿠츠데스까

제 사이즈를 모르겠어요.
I don't know my size.

自分の サイズが わかりません。
지분노 사이즈가 와카리마셍

미안하지만 마음에 안 들어요.
Sorry, but I don't like it.

すみませんが、気に入りません。
스미마셍가 키니 이리마셍

이 셔츠는 세일 상품이에요?
Are these shirts on sale?

この シャツは セール品ですか。
코노 샤츠와 세-루힌데스까

네, 이 셔츠들은 모두 세일 상품입니다.
All of these shirts are on sale.

はい。これらの シャツは すべて セール品です。
하이 코레라노 샤츠와 스베떼 세-루힌데스

Tip 백화점에서

백화점은 일반적으로 비싼 곳이지만 세일 상품이나 타임서비스 상품을 구입하면 의외로 저렴하게 쇼핑할 수도 있다. 특히 식품 매장에서는 폐점 가까운 시간에 50% 할인된 가격으로 판매하는 곳이 많기 때문에 이때 식품을 구입하는 것도 현명한 쇼핑전략이다.

이 근처에 백화점은 어디에 있습니까?

Where can I find a department store in this neighborhood?

この 辺に デパートは どこに ありますか。

코노 헨니 데파ー토와 도꼬니 아리마스까

향수 3개 주세요.

Please give me three bottles of that perfume.

香水 3つ ください。

코ー스이 밋츠 쿠다사이

이건 어디 제품이에요?

Where was this made?

これは どこ製ですか。

코레와 도꼬세ー 데스까

화장품 코너는 어디에 있나요?

Where is the cosmetics department?

化粧品 コーナーは どこですか。

케쇼ー힝 코ー나ー와 도꼬데스까

여성복 매장은 어디예요?

Where is the ladies department?

婦人服売り場は どこですか。

후진후쿠 우리바와 도꼬데스까

가방은 어디에서 살 수 있나요?

Where can I buy bags?

バッグは どこで 買えますか。

박구와 도꼬데 카에마스까

개점 시간이 언제예요?

What are the opening hours?

開店時間は いつですか。

카이텐 지캉와 이츠데스까

몇 시에 폐점하나요?

What time do you close?

何時に 閉店ですか。

난지니 헤-텐데스까

오늘은 여나요?

Are you open today?

今日は 開いて いますか。

쿄-와 아이떼 이마스까

엘리베이터는 어디입니까?

Where is the elevator?

エレベーターは どこですか。

에레베-타-와 도꼬데스까

소비세 포함입니까?

Does it include tax?

消費税込みですか。

쇼-히제-코미데스까

> **Tip**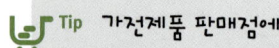
>
> 가전제품 판매점에서는 여권을 제시하면 소비세가 면제되는 곳이 많다. 면제 가능여부를 확인하자. 또 가격을 붙여 놓았어도 흥정이 가능하다는 사실! 메모지에 모델명과 가게 이름, 가격 등을 표로 만들어서 비교하여 흥정할 때 사용하면 좋다. 전압 확인도 잊지 말자.

좀 더 성능이 좋은 것은 없습니까?

Is there something that scored better test results?

もっと 性能の いいものは ありませんか。

못또 세-노-노 이-모노와 아리마셍까

사용법을 알려 주세요.

Please tell me how to use this.

使い方を 教えて ください。

츠카이카타오 오시에떼 쿠다사이

이것은 한국에서도 사용할 수 있습니까?

Can I also use this in Korea?

これは 韓国でも 使えますか。

코레와 캉코쿠데모 츠카에마스까

프리볼트 제품은 있습니까?

Do you have anything that has no voltage limitation?

フリーボルトの 製品は ありますか。

후리-보루토노 세-힝와 아리마스까

한국에서 애프터서비스를 받을 수 있습니까?

Do you have an after-sales service in Korea?

韓国で アフターサービスが できますか。

캉코쿠데 아후타-사-비스가 데키마스까

> **Tip** 편의점에서
> 편의점은 우리나라와 마찬가지로 24시간 영업을 하는 대신 가격이 저렴하지는 않다. 급할 때만 이용하고 가능하면 마트를 이용하는 것이 알뜰여행의 지름길.

데워 드릴까요?

Do you want it heated up?

温めますか。

아타타메마스까

이것을 렌지에 데워 주세요.

Would you warm it up, please?

これを チンして ください。

코레오 친시떼 쿠다사이

젓가락은 필요합니까?

Do you need chopsticks?

お箸は お付けしますか。

오하시와 오츠케시마스까

봉지 하나 더 주시겠어요?

Could you give me one more paper bag?

袋を もう 一枚 もらえますか。

후쿠로오 모-이치마이 모라에마스까

컵라면은 어디에 있습니까?

Where can I find cup noodles?

カップラーメンは どこに ありますか。

캅푸라-멘와 도꼬니 아리마스까

> **Tip** 서점에서
>
> 일본의 대형 서점은 그 장서의 규모가 놀랄 만하다. 또 많은 사람들이 헌책방을 애용하고 있어 헌책방도 보편화 되어 있다. 이런 헌책방을 둘러보는 것도 좋은 여행코스가 될 것이다.

소설은 어디에 있나요?

Where do I find novels?

小説は どこに ありますか。

쇼-세츠와 도꼬니 아리마스까

만화 코너는 어느 쪽인가요?

Where is a Cartoon section?

マンガコーナーは どちらですか。

망가 코-나-와 도치라데스까

커버를 씌워 드릴까요?

Do you want a dust cover for the book?

カバーを おかけしますか。

카바-오 오카케시마스까

봉투에 넣어 주세요.

Please put it in a bag.

袋に 入れて ください。

후쿠로니 이레떼 쿠다사이

포인트 카드 가지고 계십니까?

Do you have a card for bonus points?

ポイントカードは お持ちですか。

포인토 카-도와 오모치데스까

> **Tip 구입상품에 불만이 있을 때**
>
> 구입한 상품이 맘에 들지 않거나 하자가 있을 때는 교환이나 반품을 해야 한다. 이때 영수증을 들고 가야 신속하게 처리될 수 있다. 그리고 구체적으로 어떤 점이 맘에 들지 않는지, 어디가 잘못되어 있는지를 메모해서 설명하면 편리하다.

고장났어요.

This is broken.

壊(こわ)れて います。

코와레떼 이마스

작동하지 않아요.

This does not work.

動(うご)きません。

우고키마셍

금이 갔어요.

There is a crack here.

ひびが 入(はい)って います。

히비가 하잇떼 이마스

얼룩이 졌어요.

There is a stain here.

シミが あります。

시미가 아리마스

긁힌 자국이 있어요.

There is a scratch here.

キズが あります。

키즈가 아리마스

찢어졌어요.

It's torn.

破れて います。

야부레떼 이마스

다른 것으로 교환해 줄 수 있나요?

Can you exchange it for another one?

別の ものに 交換して もらえますか。

베츠노 모노니 코-칸시떼 모라에마스까

영수증이 있어요.

I have a receipt.

レシートが あります。

레시-토가 아리마스

영수증을 잃어버렸어요.

I lost my receipt.

レシートを なくしました。

레시-토오 나쿠시마시따

제가 산 것과 색이 다른데요.

There is different color I bought.

わたしが 買った 色と 違って います。

와타시가 캇따 이로또 치갓떼 이마스

반품하고 싶은데요.

I'd like to return this.

返品したいんですが。

헴핀시따인데스가

248

여기 영수증이요.
Here's my receipt.

はい、レシートです。
하이 레시-토데스

전혀 사용하지 않았어요.
I haven't used it at all.

全然 使って いません。
젠젠 츠캇떼 이마셍

책임자와 얘기할 수 있나요?
Can I speak to the manager?

責任者の 方と お話できますか。
세키닌샤노 카타또 오하나시 데키마스까

미안하지만 마음에 안 들어요.
Sorry, but I don't like it.

すみませんが、気に入りません。
스미마셍가 키니이리마셍

환불해 주실 수 있나요?
Can I have a refund.

返金して もらえますか。
헹킨시떼 모라에마스까

바꿔줄 수 있나요?
Can I exchange this?

取り替えて もらえますか。
토리카에떼 모라에마스까

WORDS_ 쇼핑

👓 쇼핑 장소

기념품점
souvenir shop
みやげもの店
미야게모노텐

쇼핑몰
shopping complex
ショッピングモール
숍핑구모-루

시장
market
市場
이치바

약국
pharmacy
薬局
약쿄쿠

주류판매점
liquor shop
酒店 [酒屋]
사케텐 [사카야]

편의점
convenience store
コンビニ
콤비니

백화점
department store
デパート
데파-토

벼룩시장
flea market
のみの市
노미노 이치

문구점
stationery store
文房具屋
붐보-구야

서점
bookstore
本屋
홍야

빵집
bakery
パン屋
팡야

면세점
duty free shop
免税店
멘제-텐

슈퍼마켓
supermarket
スーパーマーケット
스-파-마-켓토

골동품점
antique store
アンティークショップ
안티-쿠 숍뿌

할인매장
discount store
ディスカウントストア
디스카운토 스토아

250

🛍 쇼핑 품목

청바지
jeans
ジーンズ
지인즈

지갑
wallet / purse
財布
사이후

파자마
pajamas
パジャマ
파쟈마

모자
hat[cap]
帽子
보-시

목도리
muffler
マフラー
마후라-

스웨터
sweater
セーター
세-타-

긴팔
long sleeve
長袖
나가소데

반팔
short sleeve
半袖
한소데

민소매
with no sleeves
袖なし
[ノースリーブ]
소데나시 [노-스리-브]

반지
ring
指輪
유비와

팔찌
bracelet
ブレスレット
브레스렛토

시계
clock
時計
토케-

손목시계
watch
腕時計
우데도케-

목걸이
necklace
ネックレス
넥쿠레스

귀고리(이어링)
earrings
イヤリング
이야링구

WORDS_ 쇼핑

귀고리(피어스)
pierced earrings
ピアス
피아스

화장품
cosmetics
化粧品
케쇼-힝

매니큐어
manicure
マニキュア
마니큐아

도자기
ceramic [china]
陶磁器[焼き物]
토-지키 [야키모노]

립스틱
lipstick
口紅
쿠치베니

향수
perfume
香水
코-스이

소재

실크
silk
シルク
시루쿠

울
wool
ウール
우-루

소가죽
cowhide [bull leather]
牛革
규-카와

면
cotton
綿
멩

폴리에스테르
polyester
ポリエステル
포리에스테르

악어가죽
alligator[crocodile]
ワニ革
와니카와

마
linen
麻
아사

가죽
leather
革
카와

순금
pure gold
純金
중킹

👓 색상

흰색
white
白 [ホワイト]
시로 [호와이토]

검은색
black
黒 [ブラック]
쿠로 [부락쿠]

빨간색
red
赤 [レッド]
아카 [렛도]

파란색
blue
青 [ブルー]
아오 / 부루-

노란색
yellow
黄色 [イエロー]
키이로 [이에로-]

녹색
green
緑色 [グリーン]
미도리 [구린-]

연두색
light green
黄緑
키미도리

주황색
orange
オレンジ
오렌지

갈색
brown
茶色 [ブラウン]
챠이로 [부라운]

보라색
violet
紫色
[バイオレット]
무라사키이로 [바이오렛토]

회색
gray
灰色 [グレー]
하이이로 [구레-]

금색
golden
金色 [ゴールデン]
킹이로 [고-루덴]

은색
silver
銀色 [シルバー]
깅이로 [시루바-]

자홍색
magenta
マゼンタ
마젠타

청록색
cyan
シアン
시앙

생생 여행 정보

알뜰 쇼핑을 위한 5계명

1. 한국보다 싼 물건만 구입하라!

여행지에서는 충동구매를 하기 십상이다. 외국 현지에서 한국에서도 판매되는 물건을 살 경우에는 최소 30% 이상은 저렴해야 이익이다. 그 이하라면 한국에서 세일기간이나 아울렛에서 구입하는 게 더 경제적이다.

2. 면세점에서도 대형 세일하는 곳을 먼저 찾아라!

면세점에서 판매하는 물건들은 주로 고가의 수입 브랜드가 많다. 계획을 세워 필요한 물건들만 구입하도록 한다. 면세점에서도 철지난 상품이나 저렴한 세일 기획 상품이 있게 마련. 이런 물건을 먼저 구입하도록 하자.

3. 마켓에서도 알뜰 상품·세일 상품 위주로 골라라!

마켓은 백화점보다 가격이 저렴하지만 그날의 폭탄세일 물건이나 덤이 붙어 있는 상품을 골라서 사는 게 현명한 쇼핑이다. 그리고 주변에 비슷한 마트가 있다면 가격 비교는 필수.

4. 벼룩시장이나 자선 바자 등의 상품을 노려라!

주말에는 공원이나 대형 주차장에서 크고 작은 벼룩시장이 열린다. 요요기(代々木)공원이나 키치조지(吉祥寺) 공원처럼 관광객들에게 인기 있는 벼룩시장은 물론 시민모임에서 운영하는 벼룩시장들이 많이 열린다. 이곳에서는 옷과 소품은 물론 그릇, 가전제품 등을 파격적인 가격에 구입할 수 있고, 현지 사람들의 소박한 생활을 구경하는 재미도 솔솔하다. 또한 자선 바자 등을 통해 질 좋고 값싼 물건을 구입할 수 있는 찬스도 놓치지 말자.

5. 세일 기간을 노려라!

일본은 세일도 큰 폭으로 하는 편이다. 보통 겨울과 여름에 재고 처분을 위해 폭탄세일을 하는 경우가 많다. 특히 새해맞이 세일은 가장 큰 폭으로 하기 때문에 쇼핑을 위한 관광이라면 이 시기에 여행하는 것도 좋다.

일본의 알뜰 쇼핑 명소

1. 100엔 숍

외국인 관광객에게 인기가 많은 것이 100엔 숍이다. 100엔 숍은 여행자들의 일용품이나 여행 기념 선물을 대량구입하기에 아주 곳이다. 100엔 숍에는 문구를 비롯 주방잡화, 욕실용품, 과자 등을 판매하며 일부 상점에서는 도시락이나 반찬 등을 판매하기도 한다. 100엔 숍으로 유명한 브랜드로는 CAN DO(キャンドゥ), 실크(シルク), 다이소(DAISO) 등이 있다.

2. 잡화 전문 300엔 숍 쿠쿠

쿠쿠(CouCou)는 컬러풀하고 귀여운 잡화를 300엔(소비세 포함 315엔)으로 균일가로 판매한다. 키친, 욕실, 액세서리 등 취급 종류도 다양하고 취급 아이템 수가 무려 약 3500가지에 달한다. 도쿄에는 시부야구 다이칸야마에 점포가 있다. 또 홈페이지에 한국어 지원도 되기 때문에 편리하다.(www.coucou.co.jp)

3. 한지로

HANJIRO(ハンジロー)는 일본 구제 옷과 소품을 판매하는 곳이다. 파격적인 세일 상품들만 판매하는 곳이 많기 때문에 만 원 미만의 알뜰 쇼핑이 가능하다. 특히 하라주쿠 매장은 가장 크고 물건이 많다. 이곳 물건들은 우리나라에서 좀처럼 만나기 힘든 독특한 디자인이 많아 개성파들도 많이 찾는다.(www.hanjiro.co.jp)

4. Natural Plenty(ナチュラルプレンティ)

Natural Plenty는 105엔부터 시작하는 알뜰 인테리어 숍이다. 신주쿠 미로드(MYLORD) 쇼핑몰에 위치해 있다. 심플하고 고급스러운 식기 세트부터 목욕용품, 주방용품에 관한 모든 것이 구비되어 있다.(www.natural-kitchen.co.jp)

5. 중고 서적 체인점

중고 CD와 만화책을 위주로 판매하는 체인점이다. 매장에 따라 만화책 외에도 다양한 장르의 책들을 구비하고 있으며 생활 용품, 장난감, 만화 캐릭터 상품, 프라모델 등을 취급하고 있는 곳도 있다. 대표적인 곳은 만다라케(まんだらけ), BOOK-OFF, ANIMATE 등이다.

Memo

CHAPTER 9

전화 · 우편

알기 쉬운 활용 표현

Track 10

★ ~로 부탁합니다.

~で おねがいします。 ~데 오네가이시마스

> **예 선편으로 부탁합니다.**
> 船便で おねがいします。 후나빈데 오네가이시마스

항공편	착불
航空便	着払
코-쿠-빈	챠쿠바라이

속달	등기
速達	書留
소쿠타츠	카키토메

★ ~ 주세요

~ ください ~ 쿠다사이

> **예 10엔짜리 우표 4장 주세요.**
> 10円切手 4枚 ください。 쥬-엥 킷떼 욤마이 쿠다사이

국제전화카드	봉투
国際テレホンカード	封筒
콕사이 테레홍 카-도	후-토-

100엔짜리 우표 2장	엽서 3장
100円切手 2枚	葉書 3枚
햐쿠엥 킷테 니마이	하가키 삼마이

> **Tip** 전화를 걸 때
>
> 한국으로 전화를 걸기 위해서는 지구 마크가 그려진 국제전화용 공중전화를 이용해야 한다. 동전보다는 전화카드를 사용하는 것이 편리하며 1000엔짜리 카드를 사용할 경우 10분 정도 통화할 수 있다.

공중전화는 어디에 있어요?

Where is a pay phone?

公衆電話は どこですか。

코-슈-뎅와와 도꼬데스까

전화 좀 빌려 주시겠어요?

May I use the phone?

電話を 貸して もらえますか。

뎅와오 카시떼 모라에마스까

전화는 어디 있습니까?

Where is the phone?

電話は どこですか。

뎅와와 도꼬데스까

전화카드는 어디서 사나요?

Where can I buy a phone card?

テレホンカードは どこで 買えますか。

테레홍 카-도와 도꼬데 카에마스까

고베의 시외번호는 몇 번이죠?

What is the area code of Kobe?

神戸の 市外番号は 何ですか。

코-베노 시가이방고-와 난데스까

여보세요?
Hello?
もしもし。
모시모시

프린스호텔입니까?
Is this Prince Hotel?
プリンスホテルですか。
프린스호테루데스까

모리 씨 계십니까?
Can I speak to Mr. Mori?
森さんは いらっしゃいますか。
모리상와 이랏샤이마스까

한국어 할 줄 아시는 분 계십니까?
Can I speak to someone who speaks Korean?
韓国語の できる 方は いらっしゃいますか。
캉코쿠고노 데키루 카타와 이랏샤이마스까

천천히 말씀해 주실래요?
Could you speak more slowly?
ゆっくり 話して いただけますか。
육쿠리 하나시떼 이타다케마스까

123호 부탁합니다.
Room 123, please.
123号室を おねがいします。
이치니상고-시츠오 오네가이시마스

기다려 주세요.

Hold on, please.

お待ちください。

오마치쿠다사이

긴급 상황입니다.

It's urgent.

緊急です。

킹큐-데스

죄송해요, 전화 잘 못 걸었어요.

Sorry, I have the wrong number.

すみません。番号を 間違えました。

스미마셍 방고-오 마치가에마시따

누구세요?

Who's speaking?

どなたですか。

도나타데스까

한국에 국제전화하려면 어떻게 해야 하나요?

How can I make an international call to Korea?

韓国への国際電話はどのようにかければいいんですか。

캉코쿠에노 콕사이 뎅와와 도노요-니 카케레바 이인데스까

한국의 국가번호는 몇 번입니까?

What is the country code of Korea?

韓国の 国番号は 何番ですか。

캉코쿠노 쿠니방고-와 남반데스까

> **Tip** 편지·소포를 부칠 때
>
> 여행 중 간단한 엽서나 편지는 호텔에서도 부칠 수 있지만 등기나 속달과 같은 특수우편은 우체국으로 가야 한다. 책 같은 무거운 것은 짐이 되므로 선편으로 부쳐버리면 간편하다. 다만 소포비용이 만만치 않으니 따져보고 결정하도록 하자.

우표는 어디에서 살 수 있나요?
Where can I get stamps?

切手は どこで 買えますか。

킷테와 도꼬데 카에마스까

우체국은 어디예요?
Where is the post office?

郵便局は どこですか。

유-빙쿄쿠와 도꼬데스까

이것을 부쳐 주세요.
Mail this, please.

これを 送って ください。

코레오 오쿳떼 쿠다사이

착불로 해 주세요.
COD(Cash on delivery), please.

着払で おねがいします。

챠쿠바라이데 오네가이시마스

항공편[선편]으로 부탁합니다.
By air mail[sea mail], please.

航空便[船便]で おねがいします。

코-쿠-빈[후나빈]데 오네가이시마스

취급주의물입니다.

It's fragile.

壊れ物です。

코와레모노데스

10엔짜리 우표를 4장 주세요.

Can I have four ten-yen stamps?

10円切手を 4枚ください。

쥬―엔 킷테오 욤마이 쿠다사이

이것을 한국으로 부치는 데 얼마죠?

How much is it to send this to Korea?

これを 韓国に 送るのに いくら かかりますか。

코레오 캉코쿠니 오쿠루노니 이쿠라 카까리마스까

속달로 부탁합니다.

Express mail, please.

速達で おねがいします。

소쿠타츠데 오네가이시마스

이 소포를 등기로 해 주세요.

Please make the parcel registered.

この 小包を 書留に して ください。

코노 코즈츠미오 카키토메니 시떼 쿠다사이

서류[개인 소지품]입니다.

It's documents[personal goods].

書類[私物]です。

쇼루이 [시부츠]데스

WORDS_ 전화 · 우편

👂 전화

공중전화
pay phone
こうしゅうでん わ
公衆電話
코-슈-뎅와

시내통화
local call
し ないつう わ
市内通話
시나이츠-와

지역번호
area code
し がいばんごう
市外番号
시가이 방고-

국내전화
domestic call
こくないでん わ
国内電話
코쿠나이 뎅와

시외통화
long-distance call
し がいつう わ
市外通話
시가이츠-와

전화카드
phone card

テレホンカード
테레홍카-도

국제전화
international call
こくさいでん わ
国際電話
콕사이 뎅와

국가번호
country code
くにばんごう
国番号
쿠니방고-

동전
coin

コイン
코인

👂 우체국

우체국
post office
ゆうびんきょく
郵便局
유-빙쿄쿠

엽서
post card

はがき
하가키

봉투
envelope
ふうとう
封筒
후-토-

우체통
post

ポスト
포스토

편지
letter
て がみ
手紙
테가미

소포
parcel
こ づつみ
小包
코즈츠미

항공편
air mail
航空便(こうくうびん)
코-쿠빙

선편
sea mail
船便(ふなびん)
후나빙

속달
express mail
速達(そくたつ)
소쿠타츠

등기
registered mail
書留(かきとめ)
카키토메

우표
stamp
切手(きって)
킷테

인쇄물
printed matter
印刷物(いんさつぶつ)
인사츠부츠

취급주의물
fragile
壊れ物(こわれもの)
코와레모노

개인 소지품
personal goods
私物(しぶつ)
시부츠

서류
document
書類(しょるい)
쇼루이

주소
address
住所(じゅうしょ)
쥬―쇼

중량
weight
重量(じゅうりょう)
쥬―료―

착불
COD
(Cash on delivery)
着払(ちゃくばらい)
챠쿠바라이

생생 여행 정보

일본에서 전화 걸기

일본의 공중전화는 주로 10엔, 100엔짜리 동전 및 전화카드로 사용한다. 100엔짜리 동전을 넣고 사용한 경우 잔액이 반환되지 않는다. 시내 전화 요금은 거리에 따라 다르며, 야간과 토요일, 공휴일에는 저렴하게 국내 통화를 이용할 수 있다.

공중전화로 국제전화를 걸 때는 International & Domestic Card/Coin Telephone이라고 적혀 있는 전화기에서 카드나 동전, 국제전화 선불카드를 사용하면 된다. 선불카드 중 실물 카드는 전화카드처럼 자동판매기, 역내 매점, 편의점 등에서 구입할 수 있고, 인터넷으로 구입하는 경우 번호만 전송받아 사용할 때는 이 번호를 입력해서 사용한다. (IC 공중전화기를 이용해 국제전화를 걸 수 있지만 이 전화기는 전용 IC카드만 사용이 가능하다.)

통화 중에 삐-하는 소리가 나면 잔액이 부족하다는 신호이므로 계속해서 통화를 원하면 동전 또는 전화카드를 추가로 넣으면 된다.

아래와 같이 통신회사를 경유하여 국제전화를 걸 수 있다.

서울 02)123-4567에 거는 경우,
001(통신사번호)-010(국제전화접속번호)-82(한국번호)-2-123-4567

핸드폰 010-1234-5678에 거는 경우,
001-010-82-10-1234-5678

CHAPTER

10

긴급 상황

알기 쉬운 활용 표현

Track 11

★ ~을 잃어버렸습니다.

~を なくしました。 ~오 나쿠시마시따

> **예 여행자수표를 잃어버렸습니다.**
>
> トラベラーズチェックを なくしました。
> 토라베라-즈 첵쿠오 나쿠시마시따

항공권	신용카드	짐	지갑
航空券	クレジットカード	荷物	財布
코-쿠-켕	크레짓토 카-도	니모츠	사이후
국제면허증	여권	가방	돈
国際免許証	パスポート	かばん	お金
콕사이멩쿄쇼-	파스포-토	카방	오카네

★ ~가 아픕니다.

~が 痛いです。 ~가 이따이데스

> **예 배가 아픕니다.**
> お腹が 痛いです。 오나카가 이따이데스

여기	이	위	머리
ここ	歯	胃	頭
코꼬	하	이	아타마
눈	발	목	귀
目	足	喉	耳
메	아시	노도	미미

>   Tip 질병·부상
>
> 지병이 있는 사람은 미리 약을 여유 있게 준비한다. 또한 영문 소견서를 준비해 두면 응급 시 활용할 수 있다. 지병이 없는 사람도 응급 시에 대비하여 상비약은 꼭 챙겨 가는 것이 좋다. 병원에 갈 경우 보험이 적용되지 않기 때문에 부담이 클 수 있다는 것도 알아 두자.

구급차를 불러 주세요.
Please call an ambulance.

救急車を 呼んで ください。

큐-큐-샤오 욘데 쿠다사이

이 근처에 병원이 있나요?
Is there a hospital near here?

この 近くに 病院は ありますか。

코노 치카쿠니 뵤-잉와 아리마스까

이 근처에 치과가 있나요?
Is there a dentist near here?

この 近くに 歯医者は ありますか。

코노 치카쿠니 하이샤와 아리마스까

병원으로 데려가 주세요.
Could you take me to a hospital, please?

病院へ 連れて 行って ください。

뵤-잉에 츠레떼 잇떼 쿠다사이

예약을 해야 합니까?
Do I need an appointment?

予約は 必要ですか。

요야쿠와 히츠요-데스까

의사를 불러 주세요.

Call a doctor, please.

医者を 呼んで ください。

이샤오 욘데 쿠다사이

어떻게 오셨어요?

What's wrong with you?

どうしましたか。

도-시마시타까

증상이 어때요?

What are your symptoms?

どのような 症状ですか。

도노요-나 쇼-죠-데스까

통증이 있습니까?

Do you have any pain?

痛みは ありますか。

이타미와 아리마스까

언제부터 아팠습니까?

Since when do you have the pain?

いつから 痛いのですか。

이츠카라 이따이노데스까

통증은 언제 시작됐나요?

When did the pain start?

痛みは いつ 始まったのですか。

이타미와 이츠 하지맛타노데스까

식욕은 있습니까?
Do you have any appetite?

食欲は ありますか。

쇼쿠요쿠와 아리마스까

담배는 피우십니까?
Do you smoke?

たばこは 吸いますか。

타바코와 스이마스까

임신중입니까?
Are you pregnant?

妊娠を して いますか。

닌싱오 시떼 이마스까

아픕니다.
It hurts.

痛いです。

이따이데스

여기가 아픕니다.
I feel a pain here.

ここが 痛いんです。

코꼬가 이따인데스

눈이 아픕니다.
I have a sore eye.

目が 痛いです。

메가 이따이데스

배가 아픕니다.
I have a stomachache.
お腹が 痛いです。
오나카가 이따이데스

이가 아픕니다.
I have a toothache.
歯が 痛いです。
하가 이따이데스

목이 아픕니다.
I have a sore throat.
喉が 痛いです。
노도가 이따이데스

등이 아픕니다.
I have a backache.
背中が 痛いです。
세나카가 이따이데스

설사를 합니다.
I have diarrhea.
下痢を して います。
게리오 시떼 이마스

식욕이 없습니다.
I have no appetite.
食欲が ありません。
쇼쿠요쿠가 아리마셍

열이 좀 있습니다.
I have a little fever.
少し 熱が あります。
스코시 네츠가 아리마스

오한이 납니다.
I feel chilly.
寒気が します。
사무케가 시마스

현기증이 납니다.
I feel dizzy.
めまいが します。
메마이가 시마스

컨디션이 안 좋아요.
I feel sick.
具合いが 悪いです。
구아이가 와루이데스

몇 번 토했습니다.
I threw up several times.
何度か 吐きました。
난도까 하키마시따

숙취입니다.
I have a hangover.
二日酔いです。
후츠카요이데스

넘어졌습니다.
I fell down.
ころびました。
코로비마시타

발목을 접질렸습니다.
I twisted my ankle.
足首を ひねりました。
아시쿠비오 히네리마시따

다리가 부러졌습니다.
I broke my leg.
足を 折りました。
아시오 오리마시따

무릎이 까졌습니다.
I've got scraped my knee.
ヒザを 擦りむきました。
히자오 스리무키마시따

손가락을 삐었습니다.
I've got a sprained my finger.
突き指を しました。
츠키유비오 시마시따

손을 다쳤습니다.
I hurt my hand.
手を けがしました。
테오 케가시마시따

오른쪽 눈에 뭐가 들어갔습니다.
I got something in my right eye.
右目に 何か 入りました。
미기메니 나니까 하이리마시따

왼쪽 손을 벌레에 물렸습니다.
A bug stung my left hand.
左手を 虫に 刺されました。
히다리테오 무시니 사사레마시따

깨진 유리에 왼쪽 손바닥을 베었습니다.
I cut my left palm with a broken glass.
割れた ガラスで 左の 手の ひらを 切りました。
와레타 가라스데 히다리노 테노 히라오 키리마시따

아파서 잠을 잘 수가 없습니다.
I can't sleep well (from the pain).
痛みで よく 眠れません。
이따미데 요쿠 네무레마셍

혈액형이 뭐죠?
What is your blood type?
血液型は 何ですか。
케츠에키가타와 난데스까

혈액검사를 하겠습니다.
I'll examine your blood type.
血液検査を します。
케츠에키 켄사오 시마스

혈액형은 A입니다.
My blood type is A.
血液型は Aです。
케츠에키가타와 에-데스

저의 혈액형은 B입니다.
My blood type is B.
わたしの 血液型は Bです。
와타시노 케츠에키가타와 비-데스

조금 좋아졌습니다.
I feel a little better.
少し よく なりました。
스코시 요쿠 나리마시따

평소에 먹는 약이 있습니까?
Do you take any pills regularly?
普段 飲んで いる 薬は ありますか。
후단 논데 이루 쿠스리와 아리마스까

지금까지 큰 병을 앓아본 적이 있습니까?
Have you ever had a serious illness?
これまでに 大きな 病気を した ことが ありますか。
코레마데니 오-끼나 뵤-키오 시따 코토가 아리마스까

셔츠를 벗어 주십시오.
Take off your shirt.
シャツを 脱いで ください。
샤츠오 누이데 쿠다사이

여기에 누우세요.

Lie down here.

ここに 横に なって ください。

코꼬니 요코니 낫떼 쿠다사이

심호흡을 하세요.

Breath deeply.

深呼吸を して ください。

싱코큐―오 시떼 쿠다사이

체온을 재겠습니다.

Let me check your temperature.

体温を 測らせて ください。

타이옹오 하카라세떼 쿠다사이

가슴 사진[X레이]을 찍겠습니다.

Let me take an X-ray of your chest.

胸の レントゲンを 撮らせて ください。

무네노 렌토겐오 토라세떼 쿠다사이

주사를 놓겠습니다.

I'll give you a shot (injection).

注射を します。

츄―샤오 시마스

입원해야 하나요?

Do I have to be hospitalized?

入院しなければ なりませんか。

뉴―인 시나케레바 나리마셍까

여행을 계속해도 되나요?

Can I continue my trip?

旅行を 続けても いいですか。

료코-오 츠즈케떼모 이-데스까

당장 수술이 필요합니다.

You need an operation immediately.

すぐに 手術が 必要です。

스구니 슈쥬츠가 히츠요-데스

안정할 필요가 있습니다.

You need to take a rest.

安静に する 必要が あります。

안세-니 스루 히츠요-가 아리마스

처방전을 써 줄 수 있나요?

Can you give me a prescription?

処方箋を もらえますか。

쇼호-셍오 모라에마스까

진단서를 써 줄 수 있나요?

Can you give me a diagnosis report?

診断書を もらえますか。

신단쇼오 모라에마스까

영수증 주세요.

Can I have a receipt, please?

領収書を ください。

료-슈-쇼오 쿠다사이

> **Tip** 약국에서
>
> 일본의 약은 대체로 순해서 강한 약을 복용했던 사람은 내성 때문에 잘 듣지 않을 수도 있다. 이를 감안해서 약을 미리 준비해 가는 것도 좋다. 만약 새벽에 약이 필요한 상황이 발생하면 24시간 영업을 하는 '돈키호테'를 이용해 보자.

약을 줄 수 있나요?

Do you have some medicine?

薬を もらえますか。

쿠스리오 모라에마스까

감기약을 주세요.

I need some medicine for a cold.

風邪薬を ください。

카제구스리오 쿠다사이

두통약 있습니까?

Do you have anything for a headache?

頭痛薬は ありますか。

즈츠-야쿠와 아리마스까

진통제 있습니까?

Do you have a pain killer?

痛み止めは ありますか。

이따미도메와 아리마스까

아스피린 있습니까?

Do you have an aspirin?

アスピリンは ありますか。

아스피링와 아리마스까

해열제 있습니까?

Do you have a medicine for fever?

解熱剤は ありますか。

게네츠자이와 아리마스까

멀미약 있습니까?

Do you have a medicine for nausea?

酔い止めの 薬は ありますか。

요이도메노 쿠스리와 아리마스까

가려운 데 바르는 약 있습니까?

Do you have an anti-itch medicine?

かゆみ止めは ありますか。

카유미도메와 아리마스까

하루에 몇 번 먹으면 되나요?

How often do I take it?

一日 何回 飲めば いいんですか。

이치니치 낭카이 노메바 이인데스까

한 번에 몇 알 먹어요?

How many pills should I take at once?

一度に 何錠 飲むんでしょうか。

이치도니 난죠— 노문데쇼—까

언제 먹으면 돼요?

When should I take this?

いつ 飲めば いいんですか。

이츠 노메바 이인데스까

Tip 도난·분실 등의 사고가 났을 때

여행 중에는 차에 물건을 두고 내리거나 도난을 당하는 경우가 많이 발생한다. 이런 경우에는 곧바로 관계자나 경찰 등에 신고하도록 하자. 당황하지 말고 침착하게 대응하는 것이 사고를 신속하게 해결하는 지름길이다.

짐을 잃어버렸습니다.
I've lost my baggage.
荷物を なくしました。
니모츠오 나쿠시마시따

분실물 취급소가 어디예요?
Where is the Lost and Found?
紛失物取扱所は どこですか。
훈시츠부츠 토리아츠카이쇼와 도꼬데스까

열차에 지갑을 두고 내렸습니다.
I left my wallet in the train.
列車に 財布を 忘れました。
렛샤니 사이후오 와스레마시따

어느 열차입니까?
Which train was it?
どの 列車ですか。
도노 렛샤데스까

도쿄 역에서 12시 반쯤에 그 열차에 탔습니다.
I took the train at Tokyo station around twelve thirty.
東京駅で 12時半ごろに その列車に 乗りました。
토-쿄-에키데 쥬-니지 항고로니 소노 렛샤니 노리마시따

좌석은 어디였습니까?

Where was your seat?

座席は どこでしたか。

자세키와 도꼬데시타까

1호차의 네 번째나 다섯 번째의 창가 쪽 자리입니다.

It was fourth or fifth window-side seat on coach 1.

1号車の 4つ目か 5つ目の 窓側の 席です。

이치고-샤노 욧츠메까 이츠츠메노 마도가와노 세키데스

지갑에는 무엇이 들어 있었습니까?

What was in your wallet?

財布には 何が 入って いましたか。

사이후니와 나니가 하잇떼 이마시타까

현금과 신용카드입니다.

Cash and a credit card.

現金と クレジットカードです。

겡킨또 크레짓토 카-도데스

연락처를 가르쳐 주세요.

Give me your contact address.

連絡先を 教えて ください。

렌라쿠사키오 오시에떼 쿠다사이

지갑이 나오면 전화 드리겠습니다.

We'll call you if we find the wallet.

財布を 見つけたら お電話します。

사이후오 미츠케따라 오뎅와시마스

우에노 호텔에 있습니다.

I'm staying at Ueno hotel.

上野ホテルに います。

우에노 호테루니 이마스

시간이 걸립니까?

Will it take long?

時間が かかりますか。

지캉가 카까리마스까

이 서류에 기입해 주세요.

Fill out this form, please.

この 書類に 記入して ください。

코노 쇼루이니 키뉴―시떼 쿠다사이

죄송합니다. 지갑을 못 찾았어요.

Sorry, we couldn't find your wallet.

すみません、財布は 見つかりませんでした。

스미마셍 사이후와 미츠카리마셍데시따

경찰서에 가는 게 좋아요.

You should go to the police station.

警察署に 行った 方が いいです。

케―사츠쇼니 잇따호―가 이―데스

지갑을 잃어버렸기 때문에 분실증명서가 필요합니다.

I've lost my wallet, and I need a lost report.

財布を なくしたので 紛失証明書が 必要です。

사이후오 나쿠시따노데 훈시츠 쇼―메―쇼가 히츠요―데스

Tip 신용카드·여행자수표를 분실했을 때

신용카드나 여행자수표를 분실했을 때 다른 사람이 사용하지 못하도록 미리 사인을 해두는 것이 좋다. 만일 분실하면 곧바로 분실신고를 하여 다른 사람이 사용하지 못하도록 해야 한다.

카드[여행자수표]를 잃어버렸습니다.

I lost my credit card[traveler's checks].

クレジットカード[トラベラーズチェック]をなくしました。

크레짓토 카ー도[토라베라ー즈 첵쿠]오 나쿠시마시따

카드를 정지시켜 주세요.

Cancel[Invalidate] the card please.

カードを 無効に して ください。

카ー도오 무코ー니 시떼 쿠다사이

카드를 재발행해 줄 수 있나요?

Could you reissue my card?

カードを 再発行して もらえますか。

카ー도오 사이학코ー시떼 모라에마스까

새 카드는 언제 받을 수 있나요?

When can I get a new one?

新しい カードは いつ もらえますか。

아타라시ー 카ー도와 이츠 모라에마스까

새 카드는 어디서 받을 수 있나요?

Where can I get the new one?

新しい カードは どこで もらえますか。

아타라시ー 카ー도와 도꼬데 모라에마스까

이미 사용했는지 조사해 주세요.

Can you check if it's already used?

すでに 使われてしまっているかどうか 調べてください。

스데니 츠카와레떼 시맛떼이루까 도―까 시라베떼쿠다사이

경찰에 신고해야 하나요?

Should I report it to the police?

警察に 通報すべきですか。

케―사츠니 츠―호―스베키데스까

재발행해 줄 수 있나요?

Can you reissue the checks?

再発行して もらえますか。

사이학코―시떼 모라에마스까

어디서 구입했습니까?

Where did you buy them?

どこで 購入しましたか。

도꼬데 코―뉴―시마시타까

잃어버린 여행자수표에 사인해 두었나요?

Are the checks you lost counter-signed?

なくした トラベラーズチェックは、カウンターサイン してありますか。

나쿠시따 토라베라ー즈 첵쿠와 카운타―사인 시떼 아리마스까

여행자수표는 어디서 받을 수 있나요?

Where can I get the new ones?

新しい トラベラーズチェックは どこで もらえますか。

아타라시ー 토라베라ー즈 첵쿠와 도꼬데 모라에마스까

> **Tip** 항공권을 분실했을 때
>
> 항공권을 잃어버렸을 때에는 해당 항공사에 전화를 걸어 신고해야 한다. 그때 예약번호 등을 알고 있으면 신속하게 처리할 수 있다. 만일을 위해 항공권을 구입할 때 예약번호를 메모해 두거나 항공권을 복사해 두는 것이 좋다.

항공권을 잃어버렸습니다.

I've lost my air ticket.

航空券を なくしました。

코-쿠-켕오 나쿠시마시따

재발행해 줄 수 있나요?

Can you reissue the ticket?

再発行して もらえますか。

사이학코-시떼 모라에마스까

티켓은 언제 구입했습니까?

When did you buy the ticket?

チケットは いつ 購入しましたか。

치켓토와 이츠 코-뉴-시마시타까

티켓 복사한 것을 가지고 있습니까?

Do you have a copy of the ticket?

チケットの コピーを 持って いますか。

치켓토노 코피-오 못떼 이마스까

환불받고 새 티켓을 살 수 있나요?

Can I get a refund and buy a new one?

払い戻しをして、新しくチケットを買うことはできますか。

하라이모도시오 시떼 아타라시쿠 치켓토오 카우코또와 데키마스까

> **Tip** 강도·치한 등을 만났을 때
>
> 일본은 치안이 잘 되어 있지만 방심은 금물. 너무 후미진 곳에는 가지 말고 뜻하지 않게 강도를 만났을 경우에는 섣부르게 행동하지 않도록 주의해야 한다. 치한을 만났을 경우에는 큰 소리로 주위에 도움을 청하는 것이 좋다.

움직이지 마!
Freeze!

動くな！
우고쿠나

손들어!
Hands up!

手を あげろ！
테오 아게로

그걸 이쪽으로 건네!
Hand it over!

そいつを 渡せ！
소이츠오 와타세

가방 이리 내!
Give me your bag!

バッグを よこせ！
박구오 요코세

돈 내놔!
Give me your bag!

金を よこせ[出せ]！
카네오 요코세 [다세]

이게 전부야?
Is this all?
これで 全部か?
코레데 젬부까

도와주세요[사람 살려]!
Help!
助けて！
타스케떼

내 거예요.
It's mine.
それは、わたしのものです。
소레와 와타시노 모노데스

위험해!
Look out!
危ない！
아부나이

따라오지 마!
Don't follow me!
ついて くるな！
츠이떼 쿠루나

만지지 마!
Don't touch me!
触らないで！
사와라나이데

Tip 사고가 발생했을 때

만일 사고가 발생하면 당황하지 말고 침착하게 대응하자. 부상자가 있는 경우 구급차를 부르는 것이 좋다. 혼자서 해결하기 힘든 일은 대사관 직원이나 영사관 직원에게 도움을 청하도록 하자.

사고가 났어요.

I had an accident! /There's been an accident!

事故が ありました！

지코가 아리마시따

사고예요.

It's an accident.

事故です。

지코데스

경찰을[구급차를] 불러 주세요.

Please call the police[ambulance].

警察[救急車]を 呼んで ください。

케―사츠[큐―큐―샤]오 욘데 쿠다사이

저를[저희들을] 도와주세요.

Help me[us], please.

わたし[わたしたち]を 助けて ください。

와타시 [와타시타치]오 타스케떼 쿠다사이

전화는 어디 있습니까?

Where is the phone?

電話は どこですか。

뎅와와 도꼬데스까

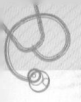

휴대 전화를 빌릴 수 있을까요?
Can I borrow your cell phone?

携帯電話を 貸して もらえますか。
케-타이뎅와오 카시떼 모라에마스까

다쳤습니다.
I got injured.

けがを しました。
케가오 시마시타

부상자가 있습니다.
We have an injured person.

けが人が います。
케가닝가 이마스

저를 병원에 데리고 가 줄 수 있나요?
Could you take me to a hospital?

わたしを 病院へ 連れて行って もらえますか。
와타시오 뵤-잉에 츠레떼 잇떼 모라에마스까

차에 치였습니다.
I was hit by a car.

車に ひかれました。
쿠루마니 히카레마시타

어떤 여자를 (차로) 치었는데요, 그 여자가 움직이지 않습니다.
I hit a woman and she doesn't move.

女性をひいてしまったのですが、彼女が動かないんです。
죠세-오 히이떼 시맛따노데스가 카노죠가 우고까나인데스

사고를 냈어요.
I had an accident!

事故を 起こしました。
지코오 오코시마시따

저는 무사합니다.
I'm not injured.

わたしは 無事です。
와타시와 부지데스

차가 고장 났어요.
My car has broken down.

車が 故障しました。
쿠루마가 고쇼ー시마시따

수리를 불러줄 수 있나요?
Can you call a repair shop please?

修理屋を 呼んで もらえますか。
슈ー리야오 욘데 모라에마스까

타이어가 펑크 났어요.
I've got a flat tire.

タイヤが パンクしました。
타이야가 팡쿠시마시따

(비용은) 얼마나 듭니까?
How much does it cost?

いくら かかりますか。
이쿠라 카까리마스까

WORDS_ 긴급 상황

질병 / 부상

병원
hospital
病院
뵤−잉

처방전
prescription
処方箋
쇼호−셍

구급차
ambulance
救急車
큐−큐−샤

의사
doctor
医者
이샤

진단서
diagnosis report
診断書
신단쇼

통증
pain
痛み
이타미

내과
internal clinic
内科
나이카

보험
insurance
保険
호켕

식중독
food poisoning
食中毒
쇼쿠츄−도쿠

외과
surgical clinic
外科
게카

혈액형
blood type
血液型
케츠에키가타

숙취
hangover
二日酔い
후츠카요이

치과
dental clinic
歯医者
하이샤

수술
operation
手術
슈쥬츠

설사
diarrhea
下痢
게리

👓 약국에서

약
medicine
薬
쿠스리

아스피린
aspirin
アスピリン
아스피링

해열제
medicine for fever
解熱剤
게네츠자이

감기약
medicine for a cold
風邪薬
카제구스리

진통제
pain killer
痛み止め
이타미도메

부작용
side effects
副作用
후쿠사요—

👓 도난 / 분실 / 사고

분실물 취급소
Lost and Found
紛失物取扱所
훈시츠부츠 토리아츠카이쇼

경찰서
police station
警察署
케—사츠쇼

항공권
air ticket
航空券
코—쿠—켕

현금
cash
現金
겡킹

분실증명서
lost report
紛失証明書
훈시츠 쇼—메—쇼

재발행
reissue
再発行
사이핫코—

신용카드
credit card
クレジットカード
크레짓토카—도

사고
accident
事故
지코

여행자수표
traveler's checks
トラベラーズ
チェック
토라베라—즈첵쿠

생생 여행 정보

여권을 분실했을 때

해외에서 여권은 돈보다도 소중하다. 여권을 분실하면 한국에 돌아올 수도 없다. 여권을 분실했을 경우에는 가까운 경찰서에 신고 후 신고확인서를 가지고 대사관이나 총영사관으로 가서 여권 재발급을 신청한다.

-신청에 필요한 것
①여권발급신청서 1부
②여권용 컬러사진(3.5 x 4.5cm) 2매
③신분증명서(주민등록증, 운전면허증, 호적등본 등)
④여권분실신고확인서 1매
⑤소정의 수수료

여행을 떠날 때는 만일을 위해 여권용 사진과 여권 복사본을 따로 보관하거나 여권번호와 발행일을 따로 적어두는 것이 좋다.

항공권을 분실했을 때

일반항공권의 경우 해당 항공사 현지 사무실의 도움을 받아 처리할 수 있으나, 처리시간이 1주일 정도 소요된다. 단체항공권이나 할인항공권의 경우 분실 수수료가 비싸거나, 환불이 안 되는 등 제한조건이 있어 현지에서 고가의 항공권을 다시 구입할 수밖에 없다.

여행자수표를 분실했을 때

여행자수표를 분실했을 때는 우선 현지 여행자수표 발행처에 분실신고를 하고 분실증명확인서(Police Report)가 필요한 경우에는 현지 경찰서에 신고하여 받도록 한다. 보통 REFUND CLAIM 사무소가 각 나라별로 한 도시에 일원화되어 있다. 일반적으로 분실 경위, 장소, 수표 번호 등을 정확히 신고하고 나서 24시간 후에 희망 지역의 은행 또는 수표 발행처에서 재발급 받을 수 있다. 주의해야 할 점은 수표에는 반드시 여행자의 서명이 돼 있어야 하며 정확한 수표 번호를 알고 있어야 하므로 여행자 수표 지참 시에는 반드시 서명과 수표 번호를 별도로 기재해 두어야 한다는 것이다.

교통사고를 당했을 때 (피해자인 경우)

사고가 발생하면 바로 경찰을 불러 현장조사 및 모든 조치를 취해야 한다. 경찰 입회하에 가해자의 주소, 성명 등을 기록해 두고, 구급차를 불러 조속히 병원으로 이동한다. 패키지 여행자라면 우선 가이드에게 도움을 요청하고, 단독 여행자라면 재외 공관에 연락하여 피해자 본인의 이름, 병원 이름, 상태 등 사고내용 등을 보고 한다. 그리고 호텔, 현지여행사, 병원 관계자에게 사후조치에 대한 협조를 의뢰한다. 가해자와의 교섭은 대사관원을 중재로 하여 경찰서에서 하고 보상은 후유증 등의 문제가 있을 수 있으니 결론을 내리지 말고 상대방에게 사고를 일으킨 것에 대해 인정하는 문서를 쓰게 한다.

교통사고를 냈을 때 (가해자인 경우)

여행 도중 자신이나 동행자가 사고를 일으켜 가해자의 입장이 된 경우, 우선 사고 상황을 경찰에 신고하고 상대방이 부상을 당했을 때는 병원에 데리고 갈 의무가 있다. 피해자에게 본인의 이름, 연락처 등을 알려주고 피해자의 성명, 주소, 손해의 정도를 알아본다. 인사사고의 경우 즉시 재외 공관에 연락하는 것이 좋으며, 사상사고인 경우 가능한 한 빨리 현지 경찰에 통보하는 것이 좋다. 교통사고 이후의 의무를 신속히 이행하지 않으면 중형이 가해질 수도 있다.

절도를 당했을 때

절도를 당한 즉시 가장 가까운 경찰서로 가서 반드시 분실증명확인서 (Police Report)를 받도록 한다. 물건을 도난당한 본인이 직접 경찰서에 가서 작성해야 하며, 만약 피해자가 여러 명이라면 인원수대로 각각 작성해야 한다. 경찰서에서 신분증 확인을 하므로 여권까지 분실한 경우는 본국에서 여권사본을 수령해야 한다. 보험처리 시 주의할 점은 휴대품의 경우 여행자가 영수증을 보험 증빙 서류로 첨부할 수 없는 경우가 대부분이어서 도난품의 품명 및 모델넘버 등을 기재하기란 쉽지 않지만 보험처리 시 보험사 직원이 이를 직접 확인하므로 가능한 한 정확히 기재해야 한다.

여행자들이 주의해야 할 안전수칙

▶자동차 운전 시 국제운전면허증을 소지해야 하며 우리나라와 주행차선이 반대이므로 운전 시에나 횡단보도 보행 시 주의를 요한다.

▶체재기간 중 지진이 발생하면 우선 아래와 같은 사항을 유념하고 일본 경찰이나 소방청 등 관계 기관의 지시에 따르는 것이 중요하다.
 - 가스밸브 잠금
 - 소화작업
 - 출구확보(창문개방)
 - 유리파편 주의(신발착용)
 - 신변 안전 확보(견고한 테이블 밑에 숨어 두부 안전 확보)

▶일본은 테러 방지 대책의 일환으로 2005년부터 일본에 주소를 두지 않은 외국인이 여관 등 숙박시설에 투숙할 경우 여권사본 제출을 요구하고 있으며, 일본에 입국하는 16세 이상의 외국인에게 지문 및 얼굴 화상 정보 등 개인 식별 정보 제공을 의무화하여 이를 거부하면 입국할 수 없게 된다.

〈긴급 연락처〉
· 119 : 화재 · 구조 · 구급차
· 110 : 경찰서에 사건 · 사고 긴급 신고
· 118 : 해상의 사건 · 사고의 긴급 신고
· 104 : 전화번호 문의
· 분실물 신고 : 03-3814-4151(경시청 신고 센터).
※110이나 119는 공중전화인 경우 긴급신고용 버튼을 누른 후 다이얼하면 무료 통화 가능.

CHAPTER 11

귀국

알기 쉬운 활용 표현

🎧 Track 12

★ ~(하)고 싶은데요.

~(し)たいんですが。 ~(시)따인데스가

> **예)** 비행기 예약을 변경하고 싶은데요.
>
> フライトの予約を 変更したいんですが。
>
> 후라이토노 요야쿠오 헹꼬-시따인데스가

예약을 변경하고	예약을 확인하고
予約を変更し	予約を確認し
요야쿠오 헹코-시	요야쿠오 카쿠닌시

예약을 취소하고	출발시간을 변경하고
予約をキャンセルし	出発時間を変更し
요야쿠오 캰세루시	슙파츠 지캉오 헹코-시

★ ~(을) 부탁해요.

~(を) おねがいします。 ~(오) 오네가이시마스

> **예)** 이코노미 클래스를 부탁합니다.
>
> エコノミークラスを おねがいします。
>
> 에코노미-쿠라스오 오네가이시마스

창가 쪽 자리	통로 쪽 자리	뒤쪽 자리
窓側の席	通路側の席	うしろの方の席
마도가와노 세키	츠-로가와노 세키	우시로노호-노 세키

앞쪽 자리	일등석	비즈니스 클래스
前の方の席	ファーストクラス	ビジネスクラス
마에노호-노 세키	화-스토쿠라스	비지네스쿠라스

> ### Tip 항공권 예약 및 변경
>
> 자, 이제 즐거운 여행을 끝내고 돌아갈 시간. 대부분 미리 왕복권을 준비해 두지만 부득이하게 다시 항공권을 구입하거나 예약을 변경, 확인하는 경우가 생길 수 있다. 이런 경우를 위해 필요한 표현들을 알아두자.

좌석은 어디를 희망하시나요?

Which seat would you like?

席は どこが ご希望ですか。

세키와 도꼬가 고키보ー데스까

창가와 통로 쪽 어느 쪽을 희망하시나요?

Would you like a window or aisle seat?

お席は 窓際と 通路側と どちらに しますか。

오세키와 마도기와또 츠ー로가와또 도치라니 시마스까

이코노미 클래스를 부탁합니다.

Economy class, please.

エコノミークラスを おねがいします。

에코노미ー쿠라스오 오네가이시마스

예약을 변경하고 싶은데요.

I'd like to change my reservation.

予約を 変更したいんですが。

요야쿠오 헹코ー시따인데스가

비행기 예약을 변경하고 싶은데요.

I'd like to change my flight.

フライトの 予約を 変更したいんですが。

후라이토노 요야쿠오 헹코ー시따인데스가

예약을 확인하고 싶은데요.
I'd like to confirm my reservation.
予約を 確認したいんですが。
요야쿠오 카쿠닌 시따이ㄴ데스가

비행기 예약을 취소하고 싶은데요.
I need to cancel my flight.
フライトを キャンセルしたいんですが。
후라이토오 캰세루 시따이ㄴ데스가

서울로 가는 KAL782편입니까?
This is KAL flight 782 for Seoul, isn't it?
ソウル行きの KAL782便ですか。
소우류유키노 카-루 나나 하치 니빈데스까

성함과 비행기 편명을 말씀해 주십시오.
What's your name and flight number?
お名前と 便名を どうぞ。
오나마에또 빔메-오 도-조

출발시간 변경이 가능합니까?
Is it possible to change the departure time?
出発時間の 変更は できますか。
슘파츠 지칸노 헹코-와 데키마스까

한 시간 전까지 체크인 해 주세요.
You must check in at least one hour before.
一時間前までに チェックインして ください。
이치지캄 마에마데니 첵쿠인 시떼 쿠다사이

> ✈ Tip **출국 수속**
> 현지공항에서는 대한항공 직원이라도 한국인이 아닌 경우가 있기 때문에 간단한 표현들을 미리 익히고 가는 것이 좋다.

대한항공 카운터는 어디입니까?
Where is the counter of Korean Air?

大韓航空の カウンターは どこですか。
다이캉코-쿠-노 카운타-와 도꼬데스까

체크인 부탁합니다.
Check in, please.

チェックイン おねがいします。
첵쿠잉 오네가이시마스

항공권과 여권을 보여 주세요.
Please show me your airline ticket and passport.

航空券と パスポートを 見せて ください。
코-쿠-켄또 파스포-토오 미세떼 쿠다사이

여기 있어요.
Here you are.

はい、どうぞ。
하이 도-조

창가로 부탁해요.
Window seat, pleas.

窓側を おねがいします。
마도가와오 오네가이시마스

좌석은 어디를 희망하시나요?

Which seat would you like?

席は どこが ご希望ですか。

세키와 도꼬가 고키보-데스까

통로 쪽 자리를 부탁해요.

Aisle seat, please.

通路側の 席を おねがいします。

츠-로가와노 세키오 오네가이시마스

뒤쪽[앞쪽] 자리가 좋은데요.

I prefer to sit in the back[front] of the plane.

うしろ[前]の方の 席が いいんですが。

우시로[마에]노 호-노 세키가 이인데스가

좀 더 빠른 비행기로 바꿀 수 없을까요?

Can I change it to an earlier flight?

もっと 早い 便に かえられませんか。

못또 하야이 빈니 카에라레마셍까

짐은 몇 개 맡기실 겁니까?

How many bags would you like to check in?

お荷物は おいくつ お預けに なりますか。

오니모츠와 오이쿠츠 오아즈케니 나리마스까

두 개입니다.

Two bags.

2つです。

후타츠데스

짐은 이곳에 올려 주세요.
Please put the baggage you want to check in here.

お荷物は ここに 置いて ください。

오니모츠와 코꼬니 오이떼 쿠다사이

짐은 이것뿐입니까?
Is this the only baggage?

お荷物は これだけですか。

오니모츠와 코레 다케데스까

이 태그를 붙여 주세요.
Please attach this tag.

この タグを つけて ください。

코노 타구오 츠케떼 쿠다사이

이 가방은 기내에 들고 가겠습니다.
This is the bag I want to take aboard.

この カバンは 機内に 持ち込みます。

코노 카방와 키나이니 모치코미마스

이 짐은 기내로 가지고 갈 수 있나요?
Can I bring this baggage into the plane?

この バッグは 機内に 持ち込めますか。

코노 박구와 키나이니 모치코메마스까

탑승시간은 몇 시입니까?
When is the boarding time?

搭乗時刻は 何時ですか。

토-죠-지코쿠와 난지데스까

탑승게이트는 몇 번입니까?

What number is the boarding gate?

搭乗ゲートは 何番ですか。

토-죠-게-토와 남반데스까

탑승게이트는 24번입니다.

Your gate is No.24.

搭乗ゲートは ２４番に なります。

토-죠-게-토와 니쥬-욤반니 나리마스

탑승권입니다.

Here is your boarding pass.

こちらが お客様の ボーディングパスに なります。

코치라가 오카쿠사마노 보-딩구 파스니 나리마스

> **Tip 탑승하지 못했을 때**
>
> 예상치 못한 일로 비행기를 타지 못하는 불상사가 발생할 수 있다. 결항인 경우에는 항공사에서 책임을 지지만, 개인 사정으로 탑승하지 못한 경우는 본인이 책임을 져야 한다. 이런 사고를 미리 방지하기 위해서 여유 있게 공항에 도착하는 것이 좋다.

서울행 비행기를 놓쳤는데요.

I missed my flight for Seoul.

ソウル行きの 便に 乗り遅れたんですが。

소우루유키노 빈니 노리오쿠레딴데스가

서울행 다음 비행기는 언제 출발합니까?

When is the next flight for Seoul departing?

ソウル行きの 次の 便は いつ 出発ですか。

소우루유키노 츠기노 빙와 이츠 슙파츠데스까

왜 결항이 되었습니까?
Why was it canceled?

なぜ 欠航に なったのですか。

나제 켁코―니 낫따노데스카

얼마나 기다려야 합니까?
How long do I have to wait?

どれくらい 待たなければ なりませんか。

도레쿠라이 마타나케레바 나리마셍까

어느 정도 늦어집니까?
How long will it be delayed?

どれくらい 遅れますか。

도레쿠라이 오쿠레마스까

몇 시에 탑승할 수 있습니까?
What time can I board?

何時に 搭乗できますか。

난지니 토―죠― 데키마스까

서울로 가는 다른 비행기에 탈 수 없을까요?
Can you put us on another flight to Seoul?

別の ソウル行きの 便に 乗れませんか。

베츠노 소우루유키노 빈니 노레마셍까

바로 탑승해 주세요.
Please board immediately.

すぐに ご搭乗ください。

스구니 고토―죠― 쿠다사이

WORDS_ 귀국

👓 항공권 예약 및 변경

항공권
airline ticket
航空券
코-쿠-켕

이등석
business class
ビジネスクラス
비지네스쿠라스

좌석
seat
席
세키

예약
reservation
予約
요야쿠

확인
confirm
確認
카쿠닝

편명
flight number
便名
빔메-

일반석
economy class
エコノミークラス
에코노미-쿠라스

재확인
reconfirm
再確認
사이카쿠닝

출발시간
departure time
出発時間
슙파츠지캉

일등석
first class
ファーストクラス
화-스토쿠라스

취소
cancel
キャンセル
칸세루

변경
change
変更
헹코-

👓 출국 수속

국제선
international line
国際線
콕사이셍

통로 쪽 좌석
aisle seat
通路側の席
츠-로가와노 세키

창가 쪽 좌석
window seat
窓側の席
마도가와노 세키

태그
tag
タグ
타구

탑승권
boarding pass
ボーディングパス
보-딩구파스

세관신고서
customs form
税関申告書
제-칸신코쿠쇼

탑승시간
boarding time
搭乗時刻
토-죠-지코쿠

짐
baggage
手荷物
테니모츠

검역소
quarantine
検疫所
켕에키쇼

탑승게이트
boarding gate
搭乗ゲート
토-죠-게-토

추가요금
excess charge
追加料金
츠이카료-킹

세관
Customs
税関
제-캉

생생 여행 정보

공항에 늦게 도착해서 탑승수속을 거절당했을 때는?

국제선은 출발 2~3시간 전에 미리 도착해야 한다. 탑승수속 후 보안검사, 출입국신고 등 여러 절차를 거쳐야 하므로 시간을 엄수해야 한다. 최소한 출발 1시간 전까지는 탑승 수속을 밟아야 하며, 그 이후에 도착할 경우 좌석 대기자에게 권리가 이양된다. 사고나 교통체증 등 부득이한 상황으로 늦었다면 일단 해당 항공사에 사정을 해본 후 발권한 여행사에 도움을 청해 보자. 가장 좋은 방법은 해당 항공사의 다음 편 항공기를 이용하는 것인데, 만일 그날 운항 스케줄이 더 이상 없는 경우 다음날 같은 편을 이용하여 추가비용을 최소화한다. 저렴한 항공권의 경우 정해진 항공편 외에는 이용할 수 없으니 주의.

여권이 없을 때는?

여권을 두고 온 경우라면 해당 항공사에 상황을 알리고 여권 도착 때까지 탑승수속을 기다려 달라고 사정하는 방법이 있지만 적어도 출발 1시간 전까지 여권이 도착해야만 수속이 가능하다. 또 여권을 분실한 경우 분실신청과 신규발급 혹은 기간연장을 하는데 최소 2~4일 이상 소요되므로 그날 탑승은 무리다.

항공권과 여권의 이름 표기가 다른 경우

예전에는 발음만 비슷하면 스펠링 하나 정도의 차이는 일반적으로 탑승에 문제가 되지 않았지만, 테러 등 여러 가지 문제들이 발생하면서 항공탑승 규정이 엄격해져 반드시 동일해야 한다. 간혹 탑승수속 직원에 따라 약간의 융통성이 발휘되기도 하지만, 탑승 대기자가 많거나 공항이 혼잡한 날은 원칙대로 진행하는 경우가 많다. 출발 전 항공권 영문이 다르다는 것을 알았다면 발권 여행사나 항공사에 여권을 제시한 후 재발행 혹은 수정을 받는 것이 좋다. 여행사 직원의 실수로 잘못 나왔다면 수수료는 여행사에서 부담하는 것이 관례다. 출발 직전 발견한 경우라면 직원에게 부탁하는 것 외에 달리 방법이 없다.

주일한국대사관 및 총영사관 소재지 및 연락처

영사관 명칭	전화	소재지	관할구역
주일한국대사관영사부 http://jpn-tokyo.mofat.go.kr	03-3455-2601~4	〒106-0047 東京都港区南麻布 1-7-32	도쿄(東京) 치바(千葉) 야마나시(山梨) 사이타마(埼玉) 도치기(栃木) 군마(群馬) 이바라기(茨城)
주삿포로한국총영사관 http://jpn-sapporo.mofat.go.kr	011-218-0288	〒064-0823 北海道札幌市中央区 北二条西12丁目	홋카이도(北海道)
주센다이한국총영사관 http://jpn-sendai.mofat.go.kr	022-221-2751~3	〒980-001 宮城県仙台市青葉区 上杉1-4-3	아오모리(青森) 아키타(秋田) 이와테(岩手) 야마가타(山形) 후쿠시마(福島) 미야기(宮城)
주니가타한국총영사관 http://jpn-niigata.mofat.go.kr	025-255-5555	〒950-0078 新潟県新潟市万代島5-1 万代島ビル8階	나가노(長野) 니가타(新潟) 도야마(富山) 이시카와(石川)
주나고야한국총영사관 http://jpn-nagoya.mofat.go.kr	052-586-9221	〒450-0003 愛知県名古屋市中村区 名駅南1-19-12	아이치(愛知) 미에(三重) 후쿠이(福井) 기후(岐阜)
주요코하마한국총영사관 http://jpn-yokohama.mofat.go.kr	045-621-4531	〒231-0862 神奈川県横浜市中区 山手町118	카나가와(神奈川) 시즈오카(静岡)

공관명	전화번호	주소	관할지역
주고베한국총영사관 http://jpn-kobe.mofat.go.kr	078-221-4853~5	〒650-0004 兵庫県神戸市中央区 中山手通2-21-5	효고(兵庫) 돗토리(鳥取) 오카야마(岡山) 코가와(香川) 도쿠시마(徳島)
주오사카한국총영사관 http://jpn-osaka.mofat.go.kr	06-6213-1401~5	〒542-0086 大阪府大阪市中央区 西心斎橋2-3-4	오사카(大阪) 교토(京都) 시가(滋賀) 나라(奈良) 와카야마(和歌山)
주히로시마한국총영사관 http://jpn-hiroshima.mofat.go.kr	082-543-5018~9	〒730-0036 広島県広島市中区袋町 5-28和光廣島ビル4階	시마네(島根) 히로시마(広島) 야마구치(山口) 에히메(愛媛) 고치(高知)
주후쿠오카한국총영사관 http://jpn-fukuoka.mofat.go.kr	092-771-0461~2	〒810-0065 福岡県福岡市中央区 地行浜1-1-3	후쿠오카(福岡) 사가(佐賀) 나가사키(長崎) 오이타(大分) 구마모토(熊本) 미야자키(宮崎) 가고시마(鹿児島) 오키나와(沖縄)

Memo

Memo